ことだまの科学

人生に役立つ言霊現象論

鈴木俊輔

明窓出版

ことだまの科学　人生に役立つ言霊現象論　もくじ

第五章　生きがいの見つけ方と言霊

第六章　病とおさらばの言霊

第七章　言霊がはこぶもっと素晴しい人生

第八章　言霊五十音は神名です

あとがき

第一章　言霊が現象をつくる

冨士須走《すばしり》の浅間神社さん。
こちらの「冨士」とはウ冠ではなく、ワ冠で表示されています。つまり「和」なのですね。鳥居に刻まれている「不二」とは、精神と物質の不二一体のこと。
日本の象徴、富士山はそうした意味だったのです。
浅間神社（せんげんじんじゃ）さんは、「われ神なり」と言霊で宣言して、神らしい言霊と行為をコノハナサクヤ様に誓約するところです。

言霊から量子が飛び出す

コトバは、人と人とが会話をし、お互いの意思の疎通を図る大切なものですね。相手の意思を、はっきりと伺うことによって、相手の世界がわかり、ご自分の意志に照らして行動を共にしたりいたします。

創世記ヨハネ伝（四八音）には、この世の始まりが、次のように記載されております。「はじめにコトバあり、コトバは光なり、光は神なり……」と、なぜこのように描かれているのか、今でも、喧々諤々《けんけんがくがく》の論議もあります。大宇宙の事はじめは、コトバであって、それは光であったというのです。そのことを否定することなく、静かに胸の内に収めてみましょう。本書を手にとって読み終える頃には、心の深いところからその記述が納得できることでしょう。

日本の古神道では、言霊を最も重要な生命哲学とみなしております。西洋の源流も東洋の源流も、光、神、いのちなど、生きる上で最重要な生命哲学は同じで、「言霊」も同様な位置づけになっております。

コトバと言霊の違いを先に述べておきます。「言霊」とは、魂の奥底からの響きであって、単に何かをしたい、あれが欲しい、といった類の会話ではありません。コトバも音読みで「光音波」とすれば「言霊」に近い心象を得ますが、本書では、敢えて魂の響きがない会話音をコトバと表しております。結論から申し上げると、言霊の一音一音、とりわけ日本語である清音五十音は、神名なのです。その一音一音に、神のもつ霊的動的作用が秘められているのです。

欧米語ですと、アルファベットのAからZまで、BやDなどの濁音《だくおん》を含めた二十六音で構成されますが、日本語は清音五十音に、濁音、拗音《ようおん》など含めると七十五音もの言霊を古来より伝承されております。故にこの日本人を天津霊継《あまつひつぐ》民族ともいいます。

さて、私たちに言霊がなかったら一体どうなるでしょう。脳内の思索はまとまらず、「私」すらも「どこへ」すらも定かではなく、一切は混沌のカオスです。もちろん「好き」も「嫌い」も「海」も「山」も分別できず、自己はただ虚空に漂うのみです。

哲学や自然科学を論ずる前に、「言霊」があって初めて宇宙のカオスは、自己の前にまとまりを見せるのです。言霊が「存在認識」の初めの初めなのです。言霊なければ思索は纏《まと》まらず、従ってコトバをもたない動物には芸術作品は創作し得ないのです。言霊（コトバと純精神の一致）が意識をまとめ、意識の内容を深め、本能・知性・感情・理性の分別を整理し、言霊が行動意識の原形をつくるのです。

私は25年あまり、研究開発分野に携わってまいりました。そしてその実験の成否に、一喜一憂していたのです。その細部は、素材成分の組み合わせや、温度や圧力などの条件を与えることで、目の前に見えてくる実験の成果とは、こうした素材や条件だけで決定されるものであると考えておりました。私生活でも好きな相手という素材？と、乗り物などの準備された道具、お天気などの外部条件で、その楽しい現実が生じてくるものだと信じておりました。しかし素材や道具といった、外から与えられた条件以外に、自分が置かれているその「空間場」や、「動機」、この二点が科学実験にも私生活にも、絶対条件であることに気づいたのです。

私たちは、この絶対条件をあまりにも当たり前すぎて無視しているのです。そして単に「外から与えられた条件」のみが現象を創る大元だと信じこんでいたのです。

例えば、お母さんが、おいしいカレーライスを作ろうとする場面を考えてみましょう。カレーの素材やお鍋の温度条件だけでおいしいカレーライスは作れません。ところが世の中の多くの方々は、外から与えられた材料、それが一切を決定するものと思い込まされてきたのです。

そもそもお母さんが、カレーを作ろうという「動機」がなければ一切が進行しません。また、お料理をするための整ったきれいな台所という「場」がなければ、もちろんカレーは作れません。そしてカレーを作っているときに、「おいしい、おいしいカレーになあれ！」というお母さんの想念が、カレーに飛び込んでいくことで、本当に素晴しいカレーが生み出されるのです。

外部条件以外に「空間場」、「動機」が、結果に先行することは、どんな科学者でも認めざるを得ないでしょう。逃げたくなるような空間や、イヤイヤやりはじめる実験では、結果は初めから見えております。実はこの二点こそ現代量子力学の要ともなっているのです。

言霊は、口から空気振動を伴って外に飛び出します。つまり空間場に、空気粒子の微細振動を連続的に吐き出すことで、音声は環境空間に伝わります。また、自分の動機や意志が言霊の空気振動の波に乗って、意識波動として外に飛び出します。外から与えられている条件、たとえば、カレーライスの材料すらも自分自身が認識した美味・・・しそうなジャガイモ、少々赤っぽいニンジン、辛そうなカレールー、ふっくらとしたご飯などなど、その形容詞は自己認識の中身であって、同一の素材であっても、人によって、その認識内容はそれぞれに違います。

すると現象を作り上げる、外部条件も自己認識が作用し、「空間場」も「自分の動機」の二条件も、共に「言霊」が基本的に関与しているといえるのです。

現象とは、主観意識と言霊が創り上げていたのです。私は精神量子論、または言霊量子論と呼んでおりますが、この世の中を創り上げているのは、私たち一人ひとりの個性ある独自意識と、その言霊なのです。

意志や動機になる前に、素晴らしい閃《ひらめ》きが脳の中に光となって落とされ、それが言霊で明確に固定されて、意志や動機となるのです。

閃きとは、日常で良い言霊を使い続けている人にとっては良い閃きが、一方悪いコトバを使っている人には悪い閃きがインプットされます。ですから素晴しい言霊を使っていると、天からの光である閃きは、その光の下絵をより明確に描きます。

そしてその下絵に基づいて、行動の原型である動機が固まり、時期というタイミングが満たされて具体的な行動に移します。するとそこには、閃きに応じた素晴しい現象が自ずと反映されることになるのです。原因があって結果が作り出されるのですが、原因とは自己から発生するということです。

大天才、空海は「身《しん》・口《くう》・意《い》」三位一体という口伝を後世に残されました。「身」つまり行為、「口」つまり言葉、「意」つまり心、この三つが常に一体であって、それぞれがバラバラであってはならないという教えです。「身」つまり行為、「意」つまり心であり動機・意志の二者を繋ぐのが、「口」・言霊と言えます。同時にそれは、見える世界の「肉体世界」と、見えない世界の「精神世界」をつなぐ橋渡しが、「言霊」

であるということなのです。

図1をご覧ください。身・口・意その三位一体は、口つまり言霊を仲立ちして橋渡しされています。認識、思考、想像、意思決定、それは言霊の内容なのです。私たちは、見える世界だけが真実で、見えない世界は客観性がないと断定しがちです。

ですが、愛はいかがでしょう？　愛は見えないから、客観性がない。だからそんなものは無用なんていったら、パートナーから白い目で見られることでしょう。

「愛しているよ」の言霊も、「ありがとうございます」の言霊も、それを放つことで、意志も定まり、愛の目標に向かって力強く前進することができます。粗末なものでも母親がわが子の為にジックリと煮込んでくれたお料理を、「お母さん、本当においしいね！」と心から語ることで、それが本当の体の栄養になるものです。どんなに栄養価が高かろうが、どんなに高級な素材であろうが、罵声を前にすればそれは養分とはなりません。

「本当に素敵だね」の心の底からの言霊をパートナーからいただくことで、幸せになる。それは私たちが日常体験していることであって、言霊が現象を創っていることの一例です。

「言霊量子」というと科学的で、難しく聞こえてまいります。でも言霊という魂の

図1

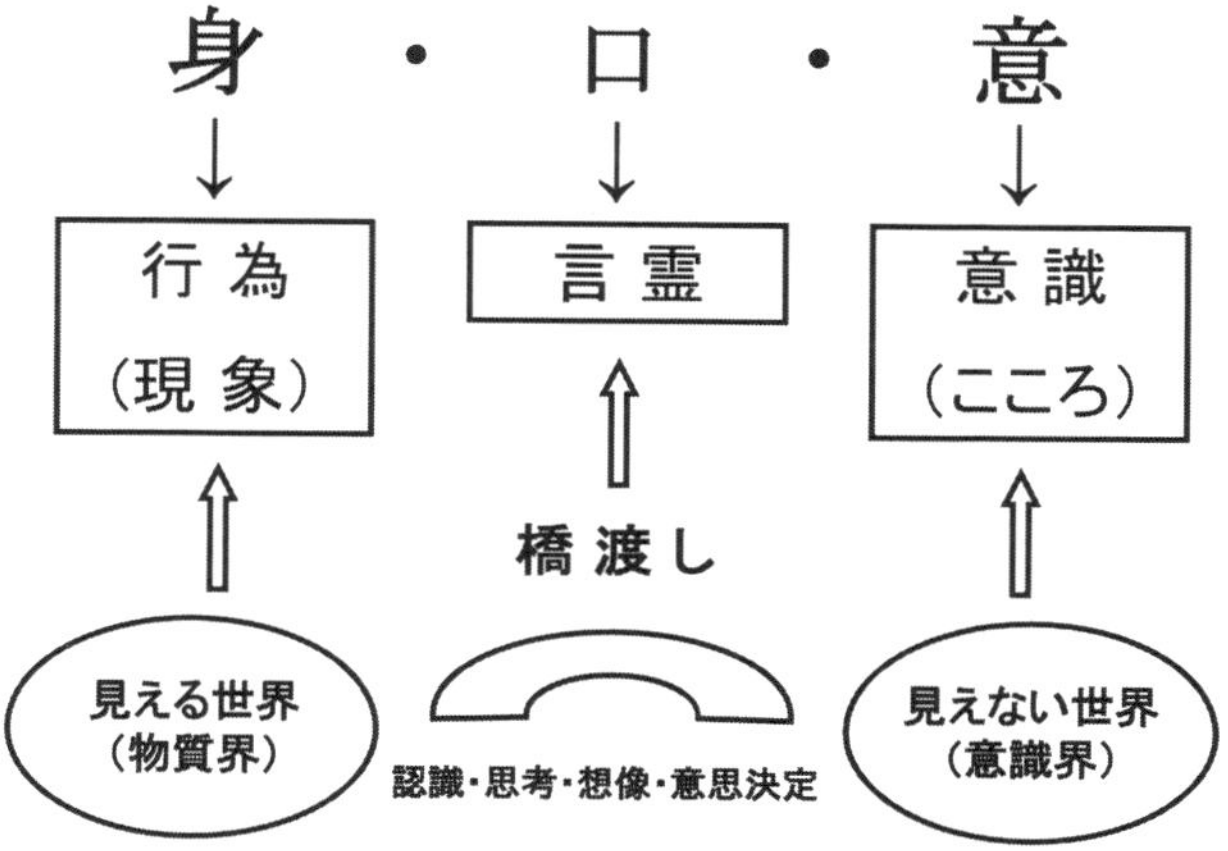

叫び、真実の叫びが、現象つまり物質世界を結ぶのです。

昔の古神道では「桃の実」合掌形という、両手を挟んでその中央部をやや膨らませ、外見で桃の実に似た印綬《いんじゅ》を結ぶ形があります。その桃の実合掌形の中心部に、心願それも絶対調和の言霊を放ち同時に、その完結した映像を内部に結実させる。それも必然となるまで強く認識するのです。

言霊が、真言（まこと）であるならば真事（まこと）は必定なのです。

宇宙から誕生した言霊

150億年前に大宇宙が創生されるその始まりには、神の言霊が充満していたことでしょう。天体物理学者はその始まりをビッグバンと称しております。瞬時に水素、ヘリウム、リチウム、ベリリウム、ホウ素、炭素、窒素と次々と原子が創生されていったといいます。またこうした原子が衝突したり、重なったりして宇宙の塵《ちり》が形成され、やがて惑星へと成長していきます。

宇宙は膨張し、やがて縮小していくといわれておりましたが、２０１０年の最近の学説では、なんとさらに急速に膨張しているというのです。それは真空中でも、ある不思議なエネルギーが存在して、それが宇宙の膨張に作用しているのだというのです。つまり真空中でも、ある種のエネルギーが存在するというのが重要です。真空中は何もない「無の空間」であるというのが一般的な概念です。

ところが、この真空中にガンマ線を放射すると、光が発生するのです。もし真空中には何も無いのでしたら無反応なはずですが、光が発生する事実があるのです。さすれば真空とは、なにもない「無」ではなくて、「空」であるともいえましょう。「無」と「空」は違います。「空」は一見何も無いようですが、（－）の無数のエネルギー種と、（＋）の無数のエネルギー種とが同数存在していればプラス・マイナスが打ち消し合って、一見、何もない「空」と見えるのです。

「空」の中味のエネルギー実体は、まだ科学的に特定されておりませんが、ある種のエネルギーと、そのエネルギーと反対の性質を持つエネルギーが、ぎっしり充満しているとみることができるのです。

般若心経にいう「空」とは、目では見えないエネルギー状態を指していますね。それが即ち、眼で見える色付《カラード》けされた「色」、つまり粒子にも変身し、手で触れることのできる現象世界の要素であると、お釈迦様は2500年前から達観しておられます。また私たちの肉体（色）も、眼では見えないエネルギー状態（空）である霊体と同じであるとする「色即是空」とも言い切っておられます。

NASAの発表によりますと、この宇宙全体の総エネルギーの4％が、私たちが確認している、「見える物質宇宙」であるといいます。つまり残りの96％はダークエネルギーとダークマター（未確認物質）で、圧倒的に見えない世界が宇宙の主流なのです。

私たちの認識・思考・想像、これらもエネルギー状態といえましょう。エネルギーとは波動関数で表現されます。つまり、全方向にわたって波のように拡散し、浸透していく波の性質をもつものです。さすれば、古神道の祝詞、仏教の読経、キリスト教の礼拝、こうした言霊エネルギーは、時間と空間を超えて、あらゆる対象体に量子的に作用するということができるでしょう。

アインシュタインはE＝mc²、つまりエネルギー（E）が、集中固定すると物質化

(m) するという有名な公式を発表しております。このことは意識波動、つまり言霊エネルギーが集中固定すると粒子化するということでもありましょう。

創世記にいう「はじめにコトバあり、コトバは光なり、光は神なり……」このメッセージを素直に、そっくり受け取るべきではないでしょうか。ここでいうコトバとは創造神の属性をもつ、純正にして、愛あり、全調和のとれた言霊波動です。その純正なエネルギー波動が、宇宙の進化になくてはならない基本的エッセンスとなっているのだと思います。またその性質は光と同じで、暗黒の無明《むみょう》を照らす無償の愛の光なのでしょう。光は直進性と集中性をもち、宇宙を駆け巡る。或いは定説の秒速30万キロメートルを超えているのが実体かもしれません。さすれば言霊エネルギーは、祈りという形をとれば、光速を超え、それは過去をも癒し、未来をも楽土とするでしょう。

しかし宇宙の認識とその実存は、今、この瞬間にあります。過去の宇宙は手で掴めません。古神道では「中今（なかいま）」といって、今ここそが「生命の真実」という捉え方をします。さすれば今を存分に楽しみ、良性な美しい言霊をもって今を生き生きと生き抜くことが、宇宙に存在させられた、私たちの生き方であるといえましょう。

言霊がつくる幸せの原理

現代科学も量子力学の台頭で、物質科学の枠を少しづつ抜けはじめております。量子力学ではハミルトニアン（H）という観測演算子を使用して、観察という概念を数学上に取り入れています。また、眼で捕らえることのできない虚数をふんだんに使用したりします。さらに固体といわれて来た電子や素粒子を、このつぶつぶの粒子性と波動性を同一視して数学的に取り扱ったりします。今までのニュートン力学よりも遥かにミクロの世界に突入しています。たとえば1センチ四方の空間に宇宙の全ての情報が圧縮されているというホログラム理論があったり、1センチの長さの10の33乗分の一の世界では固体の粒子は存在せず、エネルギー波動の世界のみであることも数学的に実証しております。難しいことは置いといて、基礎物理の世界では、もう意識を科学する段階にまで来ているということを覚えておいてください。

ですが私たちを取り巻く社会では、まだまだ眼で見て、手で触れて、耳で聞いて、鼻でかぐ、肉体五感のセンサーで確認して事実と認めます。ですからお金が確かであり、たくさんのお金を得て、立派な家に住むことを夢見ます。社会は、物質経済至上主義、合理性を尊ぶ社会構造となっております。医学をはじめ、政治も、教育も、社会のあらゆるところは、まだまだモノ・金偏重ですね。

医学では部品の挿《す》げ替えのような部品医学ですし、壊れた臓器は取り替えればいいといった具合。何故悪くなったのか、その本質まで迫っていないのです。いのちの本質から迫る「人間まるごと医学」までは到っておりません。「見える世界」が前提で、金・モノ・地位に躍起になる競争社会の中で人類はまだうごめいております。

何よりも大事なのは「幸せ」でありましょう。お金を得て、立派な家に住むのは一見、幸せの象徴と思うから、確かな実体と思うから金・モノを求めるのです。

でもよく考えてみましょう。幸せとは何かというと、喜び・感動・充実・感謝の四つの合体形、それが四合わせだと思うのです。つまり幸せとは、「眼で見える世界の産物」ではなくて「眼では見えない世界」であり「こころの産物」なのです。

幸せのエッセンスである喜びも、感動も、充実も、感謝も、手で触れることはできません。何センチや、何グラムといった物理単位で計測できません。幸せのエッセンスは、いずれも「眼では見えない世界」の出来事なのです。その幸せも個人単独では決して成立しません。家族全員の笑顔があってこそ本物の喜びであり、そばに瀕死の子供がいての喜びは考えにくいですね。多くの方々の支えがあってこその感動であり、励ましや支え合い、やり甲斐があってこその充実であり、自己を超えた存在に対しての感謝であります。つまり、幸せとは、全てのいのちが繋がっていることが前提なのです。

ヒトはもとより地球上に存在する全ての生命体は、繋がり合っているのです。大宇宙の言霊の渦の元から生まれた、小さな細胞同士ですから、お互いが連動して生きていることは紛れもない事実なのです。他の存在を否定すれば、自分の存在も否定することになります。

また大宇宙は、この宇宙になくてはならないからこそ魂エネルギーとして、まず私たちをこの世に出現させたのです。人生の目的は、生き生きと生き、存分に楽しみ、さらなる神化することです。ヒト創生の目的は宇宙進化への貢献であり、子神として生まれてきた私たち自身の神化でもあります。

幸せを呼ぶ言霊、それは大宇宙の心と同調する光の波動なのです。次頁図2をご覧ください。「ありがたや、ありがたや」とあります。それは、この大宇宙に「われ在り難し」という感謝の言霊です。「ツイテル、ツイテル」、この言霊も現状をありがたしと全肯定しているのですね。与えられた全てを肯定しているのです。雨であろうが、地震が来ようが、ボーナスが無かろうが、「ありがたや」、「ツイテル、ツイテル」と、一切の現象を受け入れ、認めている。この宇宙の中に発生している全てを受け入れていますから、宇宙の心と同調しているということになります。

図2

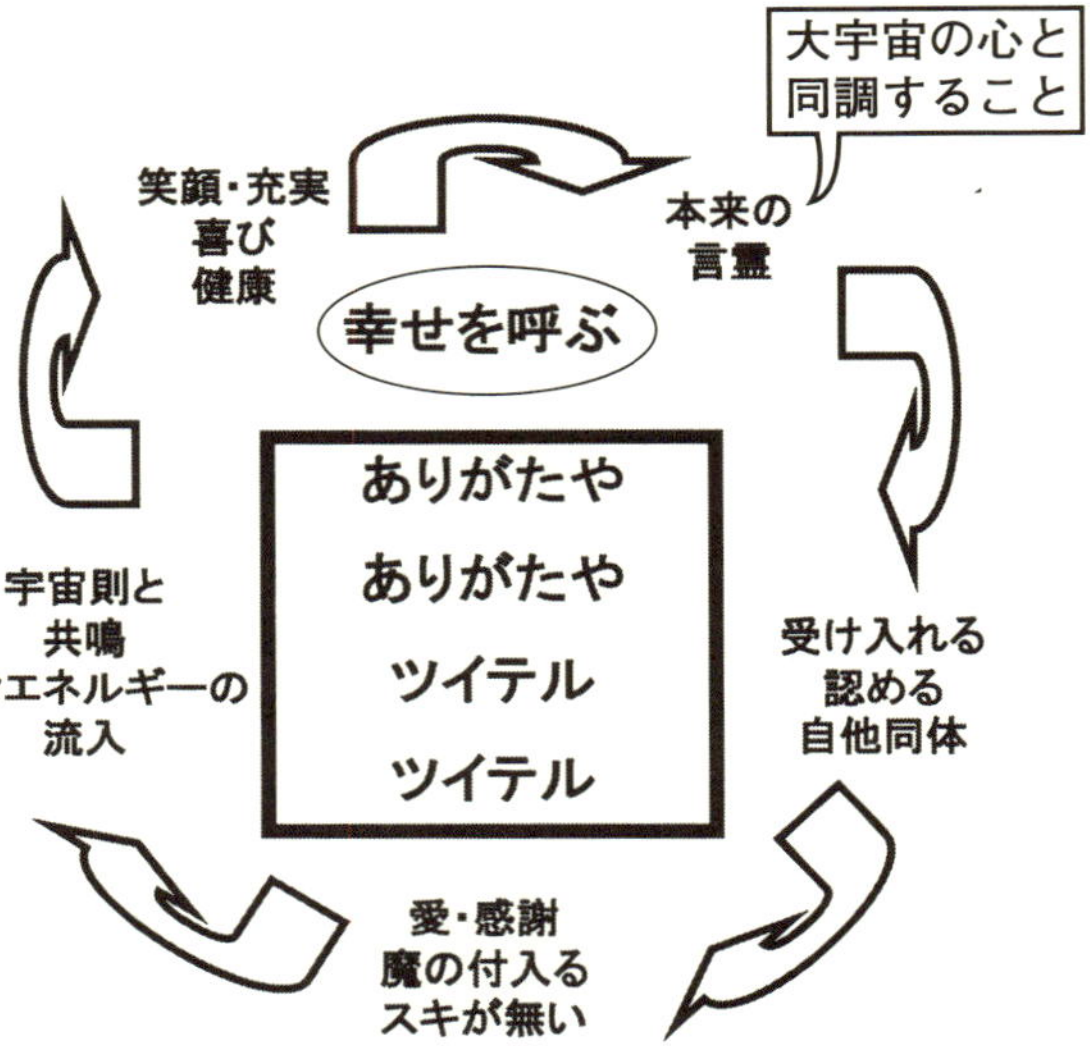

150億年を経た大宇宙の姿、それは「大調和」そのものです。その大宇宙の調和の中で、全ての出来事を必然として受け入れるという在り方、それは宇宙の心であり、愛と感謝に裏打ちされています。だから、魔の付け入る隙も無いのです。そうしたプラス思考の前には、魔が避けて遠ざかるしかありません。

「ありがたや」や「ツイテル・ツイテル」は、共にある存在そのものの大肯定でありますから、宇宙則と共鳴し、この宇宙細胞であるヒト生命体に生命エネルギーが降り注いでくるのです。そこには、生きる力がみなぎり、細胞は生き生きとし、細胞の活性は肉体全体の健康と笑顔が自然に発生します。

こちらが笑顔であれば、笑顔の方々が自ずと集まるが宇宙の道理。笑顔の中に感動あり、喜びあり、充実がみなぎる。すると自ずと幸せが飛び込んでくるのです。

言霊が、幸せを呼ぶプラス思考の言霊であると、幸せのサイクルが廻り出すのです。では逆に、不幸のサイクルとはどのようなものでしょう。もうお分かりですね、宇宙の否定です。存在の否定です。分離・闘争・破壊・孤独、つまりこうした悪いコトバから端を発するのです。人間はもとより、一切の存在物はこの大宇宙に幸せを味わえとの指令で出現いたしました。ですから「幸せを呼ぶプラス思考の言霊」が、日常の毎日に声高に響いていなければなりません。難しいことはありません。肯定・感謝の言霊なのです。

言霊の前提はすべてを受け入れること

二十一世紀初頭の現代、時代は急速に「菩薩界」と「修羅界」の二極化に入っていったように思います。前者は、さらに進んで「神としての自覚」が広まりつつあるようです。

この修羅界を創るのは「悪いコトバ」と「内側を見ない表層的な意識」です。今まで内側に意識を向けていなかったから、外側の現象やモノだけに目を奪われていて、現物志向になっていったのです。

プレゼントやお給料、はたまたお正月のお年玉のその袋に向かって「サンキュー」とは言うものの、今の子供も若者も大人も、恋人以外には、相手の心に面と向かって「ありがとうございます」とはあまり言いません。

巷《ちまた》のゲームセンターや電車内では、実に乱れた会話が飛びかっています。女子高生も「おれ、てめー」ですからビックリです。先だってはベビーカーを押している20代のお母さん同士が「あのやろー、ふざけやがって！」ですからビックリ仰天。こうした子供達、若者がたくさんいます。コトバが乱れる若者たちは「親が勝手に産んだんだろう!?」と、手塩にかけて育てた親の愛はワレ知らず。デンと道端に尻を下ろし、虚ろな目を空に向けています。

自分の心の内面に、意識を深く向けていなければ自分の本当の心はおろか、相手の心も見えてきません。だから、一緒に生きていてくれることの素晴らしさの言霊「ありがとう」はなく、自他を認め合う素直さの原点、「おはようございます」の言霊もないのです。

この生き生き感と、認め合いがないと、やがて子供達は赤の他人と自分、外社会と自分といった分離感を募らせていくだけになってしまいます。

社会犯罪やイジメ現象の根っこは、「受け入れる」、ここの欠如であったのです。社会病理が訴えるところの本質は、受け入れる心の欠如です。豊かな心の醸成がほとんどなかった教育の大きな反省事項です。受け入れるからこそ、そこで相手に対する「美しい言霊」が放たれるのです。「宇宙の中の自己の存在」、それは同時に他の存在を受け入れなければ成立しません。受け入れないことには自他の同時消滅となります。

子供の時代から、「見える世界」だけが真実で、かっこよく見せかける外面の世界にのめり込んでいくと、大人になっても、愛や感謝を知らず、物質偏重主義に陥《おちい》ってしまうのです。心の感性や豊かさは、測りようがありませんから、世の中は成果主義で人物を評価し、心の感性はあまり社会的評価の対象にはならなかったのです。しかし芸術作品を見て感動するのは、心の豊かな感性なのです。ここここそが人物評価の眼目なのです。

喜び・感動・充実・感謝という「物理量の無い幸せの尺度」は心の感性なのです。

それを、幸せとはモノの豊富さと錯覚し、肉体五感のセンサーだけに頼ってこれまで生きてきたのです。

「心の喜び・充実」が本当の御主人とはいっても眼では見えず、札束勘定できるお金やバイクやゲームソフトの「モノもてる喜び」のほうが極めて確かです。信頼される喜びや健康の喜び、一体感の喜びなどは、肉眼で見えるものではありません。しかし「モノもてる喜び」だけでは「心の器」はいっぱいにはならず、道端に尻を落として、愛や信頼感の無い「心の虚しさ」が心の空腹感として残る若者が多いのです。その大きな原因が「見えない意識世界」を手放して、肉体の眼と、耳と、鼻と、口と、触感だけを頼りに生きてきたことにあったのです。

ヤマトは図3に見るように世界の雛型です。日本人の意識が、その純正な意識が基点になって世界に飛び火するのです。

およそ70億人の地球家族が、飢えずに認め合って生きるには、日本という精神の雛型から「受け入れる」という生命規範を、しかと日本人が率先してもたねばなりません。

ヤマトは、歴史ある皇室をいただいております。皇室は宇宙シャーマンとしての役割りをもち、宮中祭祀がそれです。皇室を中心にその意識波動が今進化に向かって動きはじめ、とりわけ２０１３年の伊勢神宮遷宮にはかなりの意識変容があると思われます。またその年は、60年ぶりの出雲大社遷宮とも一致するのです。

誰しもがもっている天津霊継ぐ「純正魂」、その神性遺伝子のスイッチONは、今

図3

ヤマトは世界の雛形

静かに入れられようとしているのです。自ら手を上げて第三の文明を作ろうと、前世から立候補して誕生し、この21世紀に立ち会った私たちは、まもなくこの日本が地球進化のための礎石《そせき》であることを知るでしょう。

「分離・対立」から「融合・融和」へと、静かに流れていく次元の変化は、ご自身にも「対立・否定・闘争」という病理から、「共生・感謝」へと心の本質的変化をもたらすでありましょう。

「受け入れる」という精神土台が、時代変化の礎《いしずえ》なのです。

怒り、愚痴、悲しみ、孤独の感情では、自分の肉体も病となります。もちろん愉快、快活、感謝、連携、愛、調和の意識で細胞を包み込むことこそが、病からの本質的な脱出法なのです。

私たちは、宇宙から選ばれて存在しております。つまり宇宙は、私たちを受け入れてくれていますから、その宇宙則の属性である「受け入れ」が生命体の鋳型《いがた》なのです。まず、自己の存在を受け入れること。これに反対する方は誰もいないでしょう。反対する方は自殺者しかおりません。自己存在と同時に万物が存在しているのです。もちろん、必要だから存在しているのです。これを受け入れねば、宇宙に同時存在する自己の存在は受け入れられないはずなのです。

人は一人で生きられるはずもなく、宇宙にその存在が必要である万物一切と共に生かされております。だから自己の存在を認めるように、他の存在をも、その一切を受け入れることが宇宙大の意識であり、それが生命体の鋳型なのです。したがって受け入れることは言霊の前提なのです。

子供を教育する以前に、その子供を受け入れねば教育はできません。子供の全人格とその宇宙存在を受け入れて、初めて共同生命体として足らざるところを補うことができるのです。この認識がなければ教育は、教育者の尊敬の押し売り・教育対価の対象になりかねません。

「素直さ」とは神として最も大切な資質で、それは相手を疑わないと同時に、その疑う、疑わないの感情以前に、相手を愛すべき存在として「受け入れている」のです。

植物や小鳥に「おはよう」と挨拶するのは、その生命体の存在を、自分の損得なしに受け入れているからであって、それが当たり前になって、「おはよう」と言霊を交わしてくると、無邪気に反応してくれるものです。

夫と妻、親と子、恋人同士、近所のお姉さん、宅急便のお兄さん、多くの友達、そして仕事の関係者……みんな大切な「受け入れの存在」なのです。

「受け入れる」ことが原点で、全てを受け入れるから否定もわだかまりも無い。

自己の存在を否定しないならば、「一切を受け入れる」べしで、その中にしばしば見られる、受け入れ難い葛藤や苦しみは、「自己成長の進化の糧」と見切ることが大切なのです。

「全てを受け入れ全てから学ぶ」ことが、人神の基礎資質なのです。

認める

前節で「受け入れる」というお話をさせていただきました。人や動物や植物はもちろんですが、全ての現象を宇宙からのプレゼントと受け入れることが、自己存在の要になります。

「認める」ということも「受け入れる」と大変よく似ているのですが、「認める」は、個々の役割、機能、性格を否定しないということです。

例えば「なぜ分らない！」と夫婦間でも親子間でも、こちら側の真情に沿わない相手を前に、一方的に苛立ち、汚いコトバが飛ぶ場面をよく見かけます。ですがそれは、相手方に分かるように接していないからなのです。常に相手は反面教師なのです。

相手方を深いレベルで認めると、その方の心とこちらの心が接するから、相互の世界が分かち合えるように、やさしいコトバ、素直な思いやりのある会話でお話ができるようになるのです。

手元にあるペンを見て、ペンと認識して初めて、ペンを使いこなすことができます。それをペンと認めなければ、一生涯そのペンは使われずに放置されたままになるかもしれません。

あるところに、勉強もあまりできる方でもなく、運動も得意でない、人前で話もできずに、こそこそと陰に廻ってしまうという性格の女の子がいました。でもその子を認めて、その性格を否定せずに観察していると、庭の樹木や草花とお話をしている。自閉症児に近いその子は、やがて歌手として大成していった。こうしたお話をその女の子の祖父から聴いたことがあります。他にも、小さい頃は特に目立たなかったのに大成された方を何人も見ておりますが、ご家族、特にお母様の慈愛の言霊が支えになったのだと思います。

もし貴方が、お勧めされている会社の社長さんから、次の言霊を直接言われたとしたらいかがですか？

「本当にありがとう、君のお陰でこの会社はここまでやれた！」

「いつまでも私と一緒にいて欲しい！　君がいるから仕事が楽しい！」

そして貴方の手を握って、「いつも君を信じている！」と言われると、多分貴方は、その社長さんのためなら火の中・水の中にまで飛び込むことができるでしょう。どんなに美しいコトバでも、魂が入らなければ言霊ではありません。相手の心に響かないのです。魂が入った言霊だからこそ、私たちの心に響いてくるのです。

この社長さんのように、貴方を信頼し、期待を寄せる方がいらっしゃったら、大変な喜びとなりますね。ですが貴方自身が、まわりの方を認めていらっしゃるでしょうか？もし貴方が先の社長さんのような言霊を、お一人に伝えたとしたら、言われたその方は、どんなにか嬉しいでしょうね。せっかくなら、お一人でなく三人位伝えたら、そのお三人さんは貴方のためなら火の中・水の中にまで飛び込むでしょう。

貴方の元気な笑顔と言霊が、まわりの方に浸透していくのですから、まわりも自ずと元気になります。その方の個性を認め、素晴しい言霊でさらに百人くらい、それぞれに向かって伝えたら、その百人が強力な貴方の味方となります。

人生長いですから、一万人位、一人ずつ認めて、その個性を讃《たた》え、人格や性格を認めた言霊をお伝えになると、一体貴方はどんな状況になるでしょう。最強の心からの味方一万人の軍団を抱えることになります。

図4をご覧下さい。

図4

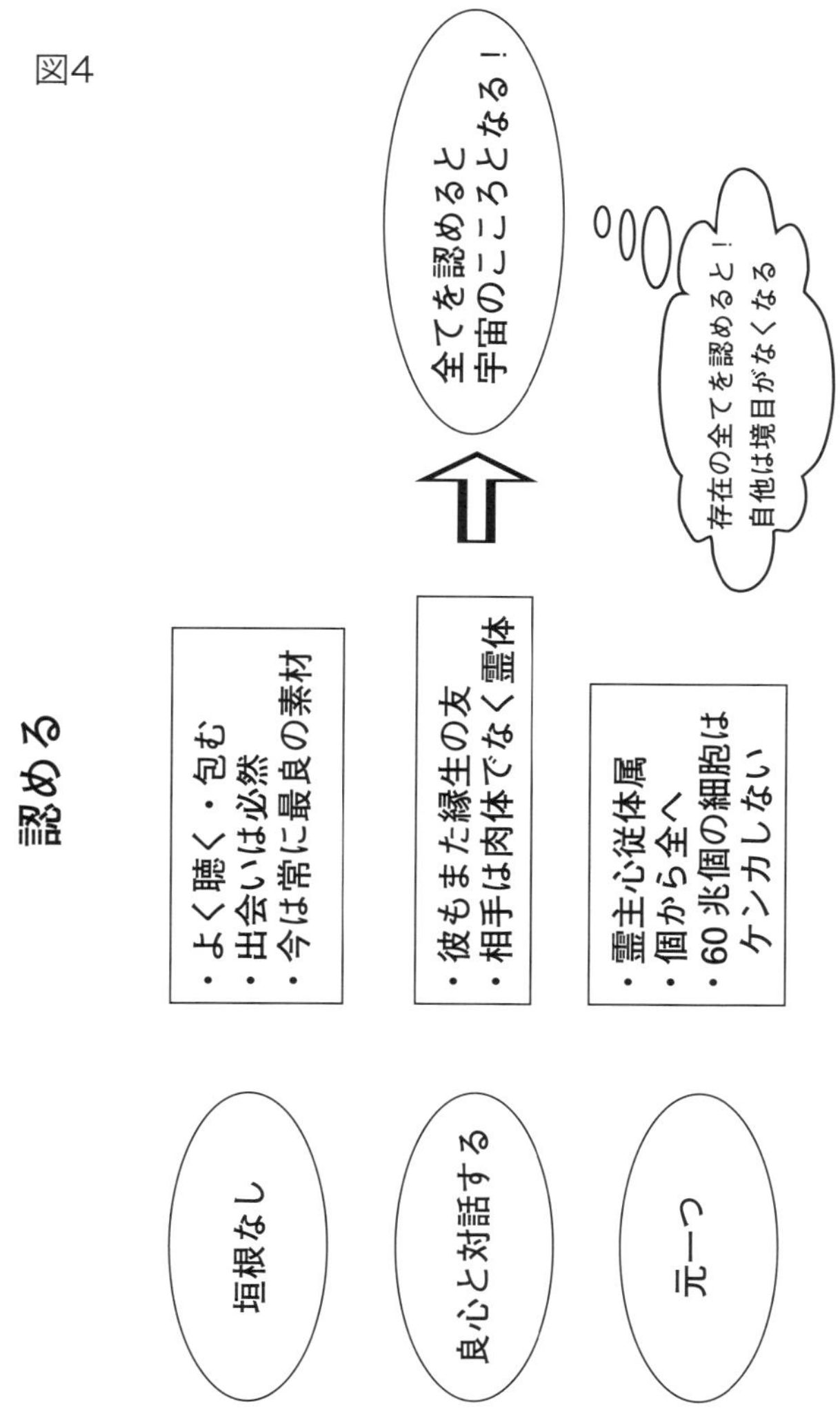

認める
垣根なし
良心と対話する
元一つ
・よく聴く・包む
・出会いは必然
・今は常に最良の素材
・彼もまた縁生の友
・相手は肉体でなく霊体
・霊主心従体属
・個から全へ
・60兆個の細胞は
ケンカしない
全てを認めると
宇宙のこころとなる！
存在の全てを認めると！
自他は境目がなくなる

「認める」とは相手とこちらの間に垣根がないことで、また認め合う出会いに偶然はなく、一切が必然です。今とは最良の出会いであり、最良の学びの瞬間なのです。またその出会いの相手方は、昨日の陰を引きずっている相手ではなく、共に「中今」を生きる、今、築かれた新たな心で出会いをもつ彼なのです。

ですから、過去に関係なく、今の心と心の言霊の交し合いが大事なのです。「聴く」という字を分解すると、「相手の世界に十分四方にも心を配る」という文字のつくりになりますが、その姿勢が基本です。

その出会いとタイミングに偶然はありません。出会いは必然です。そのチャンス、毎日毎日が、天が与えてくれた最良の場面なのです。

「認める」とは相手方の良心と対話するのですから、彼を信じることになります。仮に相手方からのマイナスのコトバは、こちらが純粋に信・愛で満たされていれば、マイナス波動は単に相手に反射するだけです。もしマイナス波動の影響を受けるとすれば、まだ相手方への信・愛のレベルが低いということになります。

「認める」ということの、もう一つの側面は、元一つであるということ。共に大宇宙の成員であるということです。私たちの60兆個の細胞はケンカをしません。ケンカをすると生命体が維持できません。今までの「認める」とは、色即是空の、「色」同士、表層の肉体同士の認め合いですが、そこから、霊性の認め合いに変わってまいりました。

存在の全てを「認める」ということは、宇宙の心になるということに等しいのです。全ての存在を認めるという神の眼で接すると、自他は境目がなくなってまいります。「個」と「個」の認め合いが、実は「全」の中での溶け合いの認識に変わってまいります。すべての歪《ゆが》みは、その「全」なる目で見つめられた瞬間に昇華されてしまうのです。

日本人の自律へ

歴史はなぜ、数千年もの長い間、人類同士の闘いを放置してきたのでしょう。

繰り返し、繰り返し闘争の明け暮れや同じ過ちで、いっときの反省も、次世代には伝わらず、また同じ過ちと闘争を繰り返す。未だに爆弾を身にまとって、平然と自らも他人をも巻き添えに命を落とすイラク、アフガン紛争もある。「正義」ならば自分も他人も殺せるという無明の経典にまだ人類は縛られているのです。なぜ人類は一向に進化しないのでしょうか。不思議だとは思いませんか？

「最近の若い者は腹が据わっていない。一朝、大きな揺れがあると、アタフタとうろたえる始末！」こんなことを言っていたのは、今の時代だけではなくて、かのソクラテスも同様だったのです。してみれば人類は、本当に進化してこなかったみたいですね。

ソクラテスもさることながら、モーゼ、大釈迦、イエスキリスト、老子、孔子、ムハメッド、日蓮ほか聖賢の並みいるこの世界中の大きな歴史の中、その教えが生かし切れていないのが事実です。もし聖賢の教えが１００％の教えであるなら戦も、詭弁も、我れ一人勝ち経済も、もちろん自爆テロもないでしょう。こうした修法の時代、つまり動物的な戦う亜人の集団に倫理を教え、導くという、道徳・教導の貢献は、歴史上の宗教にあったことは間違いありません。ですが、決定打ではなかったのです。かつてのいかなる宗教も、人類飛躍の輝ける第三文明へのブレークスルーは提供されなかったのです。そこには、民衆側の「すがり」の精神構造と、のちの組織立った教団側の「たかり」の構造が厳として生きつづけてきました。

民衆側の「すがり」とは、かつての聖賢を仰ぎ見るまなざしだったのでしょう。それは、すがっていれば他力で、病もなく、モノもお金も入ってくることを期待し、極楽にもいけると信じていました。

西の文明、東の文明も、偉大な宗教創設者たちがやがてその任務を果たしたのち、宗教は各組織集団へと変化していきます。すると自らの組織を守るために、他の宗教を攻撃するといった、まるで排他的な方向へ転じていくのです。

一方で信者の寄進をたかり、一方、他の宗教を認めず攻撃する組織集団へと化していくのです。聖賢たちも、のちの世を見て、「こんなはずではなかった！」と、ボヤいているのではないでしょうか。

「すがり」と「たかり」の精神構造は、21世紀の現代社会の病院にも見られ、医師と患者の関係も同様です。政治でもまた、利権を背景に、国民側の「すがり」と、政治家の「たかり」の構造がみられます。

つまり歴史は、「自らが神である」ということを隠し続けてきたのです。人類創生の大元は宇宙そのものであります。そもそも宇宙という計り知れない統一体を「神」と表現してもいいのですが、人類が、その宇宙意志のもとに生まれてきたのです。ならば、その人類そのものが、神の形質をもち、「ワレ神なり」という認識を宣言すべきなのです。

神という言葉自体が宗教臭さを感じさせてしまうならば、それを宇宙意志、またはサムシンググレート、または宇宙法則と言い換えてもいいでしょう。

人類の神への自覚、宇宙統一体への帰還に、最もストレートな近道が、古神道といえます。それはずばり「神への道」と読ませる通りです。この古神道を「己心道《こしんとう》」と言い換えることができます。神は己の心の中にあり、その心を磨くことで、真我つまり神を発見することができます。

日本には古《いにしえ》より、言葉には神の力が宿ると信じられてきました。現在は外来語や、造語のハヤリ言葉などさまざまなコトバが巷を飛び交っております。ですが、日本人の誰もが使いこなす言霊五十音、それは象（カタ）神名なのです。現象を操る神々の作用が、言霊五十音に封入されているのです。

歴史は「修法の時代」、教えられる時代から、「自律の時代」へと変わってまいりました。第三者に頼らない、経済的な自主性を「自立」といいます。もちろん頼らない「自立」はもとより、自立しながらも、本来の神心を忘れ、虚言に惑わされて、我欲に走る。そうした心の不安定さに、待ったをかける「自律」がポイントなのです。

青雲の志をもって政界に入り、先生・先生ともてはやされる年齢にもなると、「領収書は要りません。先生、手土産です。ここには先生と私以外だれも居りませんよ」と、そっと渡される金品。それを黙って押し返す信念、不動の心が「自律」です。青雲の心がしっかりと定着して、いつしか不動の心になるのですが、それは、座右の言霊の繰り返しで盤石《ばんじゃく》となります。嘘偽りのない魂のほとぼしり、その言霊が自律の鍵なのです。

皆さまそれぞれで、一人ひとりが違う環境をもって育ってきましたから、独自の座右の言霊がありましょう。ちなみに筆者の場合は、「せめて謙虚に」とか「こころの内と外にギャップがあると生命エネルギーは沸いてはこない」とかおよそ200句位いつもノートにメモっております。

魔が差すといった状況には、「おい来た、魔アちゃん」という危険防止の言霊もあります。これは心に住まう修羅・悪鬼、誘惑などの妖気に惑わされそうになったときに、この言霊を明確に発すると、魔は発見されたと動揺し逃げ出してしまい、不思議と「自律」の心が揺らがないのです。

不動の心といいますが、お不動様のあの怖いお顔は、内なる心に住まう悪鬼・羅刹《らせつ》に向けたお顔で、断ち切る剣と、焼き尽くす炎をもっておられます。

お一人おひとりが、独自の真言を作られて、その言霊波動の協働作用ともに、神名の浄化力を借りて、その言霊が現象に結びつけられるのです。従って汚いコトバ、否定的なコトバは、霊肉の一致を失い、自分の肉体をも滅ぼしていくことになります。

宗教に頼るばかりでなく、旅行のタイムスケジュールはお友達に頼りっきり、注文の料理は、「わたしもそれと一緒」と同席の方に頼り、教育は学校の先生と塾の先生に頼り、病はお医者様に頼り、家庭の収入はすべてパートナーに頼る。その頼るのはまだしも、すがるとなると自己のアイデンティティはなくなってまいります。

自己とは、皆を認め、共に笑い、人の心を暖めることのできる子神なのです。

「われ神なり」と宣言し、神の言霊で思考し、神の意志、動機をもつ。その動機意志で心が固まり、素直で美しい心が維持されます。素直でなく、美しくない意志・心とは本来神心ではありません。また、他人のコトバでコロコロと変わってしまうのは他人への思いやりでもなんでもなく、利益迎合がその陰に隠れているからです。

神の言霊、神の心であれば自ずとその行為も神事となります。自立、そして自律こそ、今の日本人に課せられた使命の一つなのです。

言霊が神聖DNAをスイッチオンさせる

言霊清音五十音のうち最も重要なのが、ア・オ・ウ・エ・イの五母音です。子音はカ（Ka）、キ（Ki）などaやiの母音の補助で成立します。子音のそれは母音の生命素を半分いただいた言霊です。

母音の発生音は大宇宙に拡散し、言霊創生の発生源に向って帰還する性質をもちます。ア・オ・ウ・エ・イ、それぞれ単音で発声してみて、その行く末を心象の世界で味わってみてください。一方、子音はある程度、拡散しても自己のこの世界に反射し返ってくることが分かります。母音は大宇宙に鳴り響いて、鳴り渡るのです。

子音、その音霊は、この現象界に多重反射して留まりますが、母音は宇宙曼荼羅の母であり、大宇宙の母体を求めて拡散してとどまりません。

いきなりア・オ・ウ・エ・イと記したその音順を説明しましょう。現在のア・イ・ウ・エ・オは、おそらく崇神天皇の時代に変更されたのでしょう。「三種の神器」の同床共殿廃止、つまり天皇家秘蔵の「三種の神器」を、伊勢神宮ほかに分散させてしまった頃に音順が変わったのです。その音順は「イはオとなりて……」と君が代に詠うようになったのでしょう。口蓋《こうがい》言語といって口のあけ具合が、大きな口から段々すぼんで、小さな口になるのが自然の姿です。

さて、人類がまだ爬虫類に近い亜人の時代、宇宙創造神に「魂」つまり「賜《たま》いし霊《ひ》」が入れられて、人心が覚醒する、それは言霊の発見でした。

亜人の脳内に天から霊光をうけた瞬間、彼は眼前に広がる大宇宙映像の展開に「ウー」と叫び声を上げます。亜人から霊止《ひと》への覚醒、自己意識の覚醒の瞬間であり、それは言霊「ウ」の誕生からはじまります。

言霊ウの原型は驚愕であり、感動であったのです。やがて彼は大宇宙の大変化、光、轟《とどろ》く雷鳴、天空に流れる曇を知り、時空間の変化の認識として「オー」と叫び、そこに言霊「オ」を得たのです。そしてそれら宇宙展開の驚愕と時間の流れを認識する自己を知り、そこに初めて自己という存在に「アー」と触れるのでした。言霊「ア」、すなわち自己ワレに気付くのです。

やがて、何故ここにワレがあり、なぜここに立つといった思索が回転する。ワレは一体どこから来たのか？　眼前の空間は何か？　宇宙とは何か？　何故変化するのか？　その思索の本源である叡智の光がワレに入力され、そこに言霊「エ」が回転しはじめる。やがて吾れ（言霊ア）から、時間・経験知（言霊オ）、宇宙、勇気・判断（言霊ウ）そして叡智（言霊エ）にと、ア↓オ↓ウ↓エと発現の順列を再配列・整理したのです。

霊止（ヒト）は、そのア・オ・ウ・エを総動員し、やがて万物一切の背後に大生命意志（言霊イ）の存在を見出したのです。

ア・オ・ウ・エ・イの「ア行五大」は、主観自己の根幹をなす形而上の精神内容なのです。

「ア」は純正自己そのもの、主祭神は国常立大神《くにとこたちおおかみ》
「オ」は経験知性、主祭神は月読神《つきよみのかみ》
「ウ」は勇気・判断、その主祭神は須佐嗚神《すさのうのかみ》
「エ」は菩薩の智慧、閃きにして主祭神は天照大神《あまてらすおおかみ》
「イ」は物心一切を存在なさしめている「大生命意志」であり「魂の本源」、主祭神は天御中大神《あめのみなかぬしおおかみ》です。

自己「吾れ」はもちろん、他者、そして万物をも成立させている生命エネルギーの元、大生命意志が、全ての生命体の背後に在ることに気づきます。つまり「花にも仏性あり」、「厠《かわや》にも仏あり」、あらゆる命の本源、宇宙大生命意志を「イ」と表現したのです。霊止（ヒト）の魂の中心核、直霊の本源が「イ」であり、生命の大元であります。

この「ア行」は「誘な氣（イザナキ）」のエネルギーの素性であって、ア・オ・ウ・エ・イはいずれも、手では把めない非物質性、高次元の精神エッセンスなのです。

ヒトガタ寝姿の五大、手足にそれぞれ五指をもつ「見える肉体」は、アオウエイの五行五大の相似象。ゆえに霊止とは数霊の「五」に、言霊の「口」とかいて、「吾（ワレ）」と詠ませます。

「ア」は「吾」でもあり、親神の形質「天（ア）」でもあります。ゆえに天意（あい）または吾意（あい）とは本来の宇宙の心であり、いわゆる『愛』を表現します。

またワ行の半母音ワ・ヲ・ウ・ヱ・ヰは、「誘な身（イザナミ）」の「物質界」その全景を意味するのです。

「ワ」は肉体自己、主祭神は伊佐那美大神《いざなみおおかみ》にして、天常立神《あめとこたちのかみ》の陰を感じます。

「ヲ」は命の水、主祭神は高産霊大神《たかみむすびおおかみ》

「ウ」は塩・ミネラル群、主祭神は宇磨志葦可美彦遅神《うましあしかみひこじのかみ》、金山彦神《かなやまひこのかみ》の陰を感じます。

「ヱ」は火・太陽光、主祭神は神産霊大神《かみむすびおおかみ》

「ヰ」はこの生宮、地球、祭神は豊雲野大神《とよぐものおおかみ》

また「ヰ」の地球とは、「大生命意志（イ）」天御中主大神の凝縮物質体であり、その修理固成に国常立大神、伊佐那岐大神《いざなきおおかみ》も時代の狭間に参画しておられる。

見えない精神の「ア・吾」に対して、見える肉体の「ワ」は「我」と書く。

表1をご覧になってください。

それは、ア行の言霊の全景を示します。森羅万象一切がこのア行五母音から発しています。

神棚の風景もア―ワの精神と物質の調和系である榊《さかき》が、オ―ヲ系で水が、ウ―ウ系

表1　言霊五母音と五行五大

言霊 五母音	ア （天・吾）	オ （央・緒）	ウ （宇）	エ （慧）	イ （意）
精神内容	感情・芸術 宗教・政治	経験・知性 科学・歴史	感覚・勇気 感動・判断	智慧・閃き 道徳・愛	大生命意志 時空意識
五大 五行	風 木	水 水	空 金	火 火	地 土
仏法五乗	縁覚	声門	衆生	菩薩	仏陀
方位	東 青龍	北 玄武（黒）	西 白虎	南 朱雀	中央 黄台
自然界	空気・草木 植物野菜	河川・海 海産物	山・鉱物 ミネラル	太陽・光熱 炭	土壌・微生物 穀物・米
修道	御幣・榊 ノシ・玉垣	清水・聖水 洗礼・沐浴	盛塩・土盛 回峰	灯明・燭台 護摩壇・油	聖地・神殿 鳳蓮台
立体系	正12面体	正20面体	正8面体	正4面体	正6面体
チャクラ	アナハタ （胸部）	マニプラ （腹部）	ムラダーラ （会陰）	ビシュダナ （咽喉）	アジナ・ サハスララ
肉体系	呼吸系	血液・体液	骨・表皮	神経系	DNA
氣根	創造力	氣胆力	行動力	生命力	調整力

で盛塩が、エ—ヱ系で灯明が、イ—ヰ系でお米が奉られ、また同時にイ—ヰ系は地球神殿である神棚全体を表現しているのです。神棚のシメナワにくくられる幣《ぬさ》は、その紙の表を指で辿れば裏になり、裏を辿れば表になるメビウスを表現しております。

精神の五元素　ア・オ・ウ・エ・イは、やがて那の国（元津国）から枝の国（支那）に伝播し、やがて五行（木・火・土・金・水）、さらには五大（空・風・火・水・土）、そして後に五常（仁・義・礼・智・信）、五穀（米・麦・粟・黍・豆）、五味（甘・酸・鹹・苦・辛）などにも波及していきます。

なお五色（黄・青・白・赤・黒）は、今でも日本最古の神社といわれる九州蘇陽町の幣立神社で、五色祭を毎年やっております。ちなみに五色とは黄ビト、青ヒト、赤ヒト、白ヒト、黒ヒトの世界五色人を祭り上げております。

天皇家の即位式では、京都から鳳蓮台《ほうれんだい》をもってまいり、天皇はその上で奏上すると聞き及びます。その鳳蓮台の北は紫（黒）の玄武《げんぶ》、東は青の青龍、南は朱色の朱雀《すざく》、東は白の白虎《びゃっこ》、そして台上が黄色の五方位であり、ア・オ・ウ・エ・イを表現します。

表1に仏法五乗とあります。

仏教では霊止《ひと》の精神次元の低次段階から高次段階を示すと、低次階のワレ良し段階を衆生《しゅじょう》（ウ）という。そこから声聞《しょうもん》（オ）、縁覚《えんかく》（ア）、菩薩（エ）と人格が進み、五階梯最上階が仏陀（イ）の境地といえましょう。

声聞とは、悪行を押しとどめる親の声とでもいいますでしょうか、人間性の小さな気付きです。縁覚とは一般的な道義に生きる人々のレベル。菩薩は愛他に生きる次元。そして、仏陀は菩薩様の美に対するこだわりをも一切捨て去った、「われ神なり」の境地とでもいえましょうか。

京や奈良に見られる五重塔は、その精神階梯の表現体なのです。

また表1にはア・オ・ウ・エ・イに対応する人体のチャクラ（神智学）との関連も記載しました。神智学で言う、ムラダーラチャクラとスワディスタナのポイント（骨格的には仙骨《せんこつ》の位置）が今のこの時代、非常に重要だと思っております。それは胸や首から上のチャクラの表層レベルの愛や恋や、人助けや軽い会話ではなく、ご自身が大地にグランディングすることが、何よりも大事だからです。この下丹田《かたんでん》がしっかりしないと、上位界には決して向かえません。

言霊ア・オ・ウ・エ・イは、霊止のチャクラでいえば、「ウ」の言霊は下丹田・仙骨に共鳴し、生命力を強化します。「オ」の言霊はマニプラチャクラ（臍《へそ》の上部）に共鳴し消化器系を活性化するのです。また「ア」は胸腺チャクラに共鳴し、心臓病、がん、喘息に有効であり、霊的には無条件の愛に目覚めやすくなるのです。「エ」の言霊は咽喉部のチャクラに共鳴し、偏頭痛、気管支炎に有効で、霊的側面では自己表現が豊かになり、モノに執着しにくくなります。「イ」の言霊は眉間《みけん》並びに頭頂のチャクラ、松果体に共鳴し、うつ病、深い絶望感を癒し、霊的には神光を入力し、神意識の覚醒を促すのです。つまり身体では下段からウ→オ→ア→エ→イと五段階のチャクラとなります。

正座、または立禅でも結構です。呼吸を整えてチャクラ位置に深く集中し、それぞれの適合する言霊（五母音）を最低1分は発する。その実践で先に書いた症例を大きく癒すことがお分かりになることでしょう。

言霊五母音は、人間の生命素だったのです。もちろん五母音以外に子音を含めた正しいコトバ使い、美しい言霊が、ご自分の身の回りを生き生きと輝く世界へと創りあげていくのです。美しい言霊が、自らのＤＮＡに眠っている神聖を呼び覚ますのです。言霊五十音の詳細は第八章に譲って、次章からは言霊がワクワクと生きることにいかに大切なのか、順を追ってお話を進めてまいりましょう。

第二章　子供たちに

日本列島と心　：　鈴木　俊輔　作

私たちは、世界で一番はやく太陽を拝める国、日本列島に生まれてまいりました。

春夏秋冬、その季節の移ろいを、お花見、夏祭り、紅葉狩り、そして雪降る山々に味わわせてくれています。

この美しい日本列島は、よくよく見れば「こころの島」、おのころ島ですね（『古事記・日本書紀』の国生み神話によると、イザナギ、イザナミの二尊が、天の浮橋の上に立って天の瓊矛で青海原をかきまわし、その矛先からしたたり落ちた潮が凝り固ってできたのがおのころ島とされています）

プラス思考の言霊

言霊は生きて動いて、この現象世界の中を駆け巡り、新しい世界を創り上げてまいります。世界にもたぐい稀な、言霊清音五十音を巧みに操る日本人。その美しく、清らかな言霊が、素晴しく美しい世界を、そこに築き上げるのです。

マイナスのコトバ、否定的な攻撃的な分離のコトバを発していては、一体何の為の人生でしょう。汚いコトバで自分の人生がますます崩れ落ちてゆく。

言葉は、こだまの世界と同じで、「バカヤロー」と叫べば、「バカヤロー」と繰り返し繰り返し、自分に返ってまいります。

「ありがとう」と叫べば、繰り返し繰り返し「ありがとう」「ありがとう」「ありがとう」……と自分に返ってまいります。

庭の草花に声をかけてみてください。「わあ！　きれいに咲いたなあ！」、「素敵な苔だな」と声をかけると、さらに一面にきれいな花が咲いてきて、雨水でキラキラと光る苔が、広がって行くことがわかります。こうしたことは、農業をなさっている方はしばしば体験することなのです。

古い話ですが、１９８５年（昭和60年）つくば万博の会場で、巨大なトマトの水耕栽培を見せてくれた野澤重雄さん。彼が作ったトマトの木はなんと、一本の木に数万個の実をつけてくれました。

ご子息の（株）野澤技研社長、野澤三郎さんと話す機会があったのですが、今ではトマトの実は20万個を超すこともあるといいます。コツはお父様から教えてもらったそうですが、一粒のトマトの種から出発して広い水耕田に存分に手足を伸ばしてくださいと声をかける。そう、毎朝毎朝、トマトさんに挨拶をすることだったのです。

奇跡を起したそのポイントは「言霊」だったのです。

私も事務所で、観葉植物にそれぞれ名前を付けて、毎朝ご挨拶をします。すると、きちんと返礼をしてくれます。

私たちの脳の意識をまとめているのは「言霊」です。言霊無ければ思考は定まりません。ですが無発声の思考や、念を向けるだけではなくて、きちんと発声することが大事なのです。神道では毎朝、祝詞《のりと》をあげますし、仏教ではお経を読みますね。その発声、つまり心魂からの響きである「言霊」が大事なのです。想うだけでは不十分で、「愛しているよ」と声をかけると、夫婦の間もより確かなものとなります。

小さなお子さんをもつお母さんは、毎朝、朝食の準備や幼稚園や小学校へのお荷物や中身の確認、そしてお子さんの歯磨き、洗顔の躾《しつけ》やらで起き抜けからおおわらわ。

だから必然、「ぐずぐずしないで、早くしなさい！」と、声も荒く、叱り口調になってまいります。ですが、決して怒らないでください。「怒り」は、心の奴隷と書きますから、怒りの波動が自分のお子さんをマイナスで包んでしまいます。通常は、自分の子どもには愛がありますから、「叱り」という躾レベルでしょうが、夫婦間の怒り・悲しみ・愚痴・不安、こうしたマイナスのコトバがお子さんに伝わると、その子も分離の方向に進みはじめます。

小学校の教室で、「コラッ、走るな！」と怒鳴っても、怒鳴られた子は、面白くない。時間がたつと、また教室中を走り回ることになります。怒鳴って注意するよりも、「ゆっくり歩こう。転ぶと痛いぞ！」のほうが、温かみがあっていい。

マイナスのコトバは相手のトゲにもなり、そのマイナスは言い放った自分にも返ってくる。プラスの言霊のほうが、自分にも相手にも穏やかに心の中に納まります。

怒鳴り声、叱かり飛ばしは、恐怖と権威の威圧で相手を黙らせ、服従させる。つまりヤクザの脅しですから、瞬時に効くお薬にも似ていますが、本人の内側から滲み出る自己治癒力にはなりません。つまり心が納得しないのです。

大人になっても、「プラス思考の言霊」という生活態度でいることは人生の基本です。寒い日の営業外出で、「こんな寒くちゃ話にならん」では、相手先の会社から話にならんと追い返されること必定。ですから「これだけ寒いと、今晩の湯豆腐は旨いぞ！」です。暑い夏の営業外出に「こんなに暑くちゃ、やってられねーや」では、同じように相手先企業から「こんな商品じゃ、やってられないよ、君！」となってしまいます。ですから「これだけ暑いと、今晩のおビールは最高！」のプラスの言霊なのです。いつでもどこでも言霊は、プラス思考で発することが基本です。

人生独りぼっちになりたい方に、とって置きの呪文をお教えします。それは、

・うるせーな　・ほっといてくれ　・めんどくせえ　・かってにしろ

以上を多用なさってください。簡単に分離と孤独の人生を歩みはじめられます。

ですが、幸せの道を歩いていくのが人生ですから、プラス思考の言霊が何よりも肝要。本書には、大人も子供も神様も好きな「素直な言霊」が全文に散らばっておりますが、毎日使えば、元気になる「日常十心」を紹介しましょう。

①　ありがとう　（感謝の心）　⑥　こんにちは　（まるい太陽の心）
②　はあい　（素直な心）　⑦　よろしくね　（信頼の心）
③　ごめんね　（反省の心）　⑧　お陰さまで　（謙虚な心）
④　よかったね　（祝福の心）　⑨　さあやろう　（前進の心）
⑤　おはよう　（明るい心）　⑩　げんきでね　（友愛の心）

使えば使うほど、天から生命のエネルギーが降り注いでまいります。特にこの「日常十心」の言霊は、子供たちには必ず使わせたいですね。

こんにちは　さようなら

子供たちが、昇る朝日を拝むことは、もうあまり無いのではないでしょうか？　朝日新聞の調査でしたか？　青年期になるまで、昇る朝日を見なかった子供たちがなんと65％とか……。

朝日が昇り終えてしばらくしてから、お母さんに起こされ、眠い目を擦りながら、洗面台に向かう。そして「おはようございます」と挨拶をして、朝の食卓に着く。これが朝の風景かと思いますが、農家の子供さんはいかがでしょうね。ひょっとして朝採り野菜のお手伝いで、意外と昇る朝日を毎朝、見ているかもしれませんね。でも大都会の子供たちには、朝日はほとんど生活になじみがなくなってしまいました。

そんなところから、大自然に直面したときに覚える、心からの感動や畏敬の念が次第に薄れて行ってしまうのではないでしょうか。お月見する習慣も、今ではほとんどみられません。

お月様は地球を平均29・53日かかって公転しますが、ご承知のように、お月様の影響で海の干満あり、地表ですら21センチの上下差があるというのです。お日様もお月様も、生命誕生以来38億年続いていて、人間の生体生理に影響がないわけがありません。

子供たちは、学校と宿題と塾に拘束され、万事がモノ思考ですから、自然に対する感謝や畏敬、自然と人間との親近感が段々離れていってしまいます。

明治時代の文人、小泉八雲、実名ラフカディオ・ハーンは、ギリシャ生れのイギリス人です。彼が1890年に日本の松江に来た頃は、日本人は皆、昇る太陽に向かって遥拝《ようはい》する習慣が、残されていたようです。

というのは、海外特派員として日本に赴任した彼が、日本生活の事はじめにこんなことがありました。松江の借り家の外からパンパンと弾く音で、早朝目を覚ましたのです。彼が起居する日本家屋の引き戸から、音のする方向の路上をそっと覗くと、多くの方が太陽に向かってカシワ手を打つ姿があった。朝の銃声は、その音だったのです。

一般市民が、朝早くから太陽を遥拝する光景を目撃した彼は、世界中の殺伐な生活とは違う、日本人の素朴な心、純粋な心に痛く感動したと記載されております。

新潟県と四国の一部では、今でも太陽のことを「こんにちさん」といいます。「今日も、こんにちさんはエエですなあ！」とか、確か漱石の小説『坊ちゃん』にも、「そんなことをしたら、こんにちさんに申し訳がたたんぞな……」とかあります。

また江戸期には、通りすがりのお知り合いとのご挨拶に、「こんにちさん、お元気ですか！」と声をかけた。つまり、太陽のように明るく、すべてを照らす存在、その貴方様は元なる気でありましょうか？　という声かけだったのですね。

お知り合いを太陽の心と見立て「こんにちさん」となるのです。昔の方は、何と素晴しい感性をお持ちだったのでしょう。またお相手の返事が、「はい！　お陰さまで」と返ってくる。貴方のお陰で元なる気で居られます。病気もなく元気なのは貴方様のお陰ですと、返ってくるのです。

お陰さまというのは、眼では見えない対象、人の心や、大地の重力や、月の干満、そして土壌を豊にする土壌菌もそうですね。昔の人は、眼で見えるものよりも、見えない波動、「陰」を大事にしていたのです。

「お陰さまで」とのお返事に、「左様ならば、ご機嫌よう！」とお辞儀をして通りすぎる。「左様なら」は、時代劇映画やＴＶで「左様！」と、お侍さんが頷《うなず》き我が意を得たような言霊ですが、その通りであるなら安心しましたということ。ますますご機嫌よく、つまり心から気持ちよく、達者でお過ごしくださいと返したのです。

明治以降、主に男性が、「さようなら」を、女性が「ご機嫌よう」という言霊が、別れのご挨拶に区分けされていったようです。時代が過ぎてその内に、男女とも「さようなら」になっていったのです。

「太陽のこころ」それが日本のご挨拶の言霊、「こんにちは」の源流だったのですね。

もったいない

海外で訳されにくい日本の言霊のいくつかに、「もったいない」、「いただきます」、「ご馳走様」、「お陰さまで」などがあります。

日本人は言語に主語が乏しく、「ありがとう」にしても、「いいえ」、「すきよ」にしても、英語で言うところの主語「I」が希薄です。

英語圏の民族は、言語に主語、動詞、目的語などが一般会話にも逐一明確ですね。

ですから「I love you」は日本語では、「I」も「You」もなく「すきよ」の一言で終わってしまう。

このように主語の不明瞭な日本語では、感謝の言霊「ありがとうございます」、「お陰さまで」、「お疲れさま」などは、対象体である目的語が貴方という特定対象で無くて、「全体」であるようです。

また「私が」、という主語も謙譲というのでしょうか、あまりしゃしゃり出ずに隠してしまいますし、その「私（I）」もどちらかというと、「私たち（We）」に近い感覚をもってますすね。

アメリカのオバマさんが、大統領選挙でポイントを稼いだ言霊が、「Yes We can」そして「Change」でした。そのどちらも「I」だの「You」だのが無くて結構日本的だったことを覚えております。

2004年にノーベル平和賞を受賞した、ワンガリ・マータイさんが、世界中に日本語の「MOTTAINAI」を広めてくれました。

彼女は「持続可能な開発、民主主義と平和への貢献」という見地で、環境分野の活動家としては初めてノーベル平和賞を受賞された方です。日本語の「もったいない」という言霊に、「環境保全の真髄」を感じて、外国語にはなかった「MOTTAINAI精神」を広めてくれたのです。マータイさんが「リユース・リデュース・リサイクル」の3Rを一言で言い表わしたのが、この「MOTTAINAI」なのです。

サトルエネルギー学会の理事でもあり、私の親しい仲間でもある小川修さんは、

「もったいない学会」という勉強会の発起人でもあり御世話をされています。こうした民間の草の根運動でも、「もったいない」の日本精神や世界精神で、生活に密着して今盛んに動いております。

地球資源は取り放題、レストランでも食べ放題、やがて飽食社会のツケと、車社会のツケがやってくるに違いありません。レストランで食べ残しの子供のお皿を見ても何の指摘もしないお母さん。いたずらに賞味期限を書き連ね、消費を煽る戦略で、今では期限前の安売りであえぐ卸業者と販売者。ＪＡＳ自体も産地表示、素材表示、消費期限表示と国民の食の安全を守る姿勢が、天下りのための関係団体作りが目的だったらなんと寂しいことでしょう。

生産物の三分の一が捨てられているということを記憶にとどめて置いてください。日本人一人あたりの供給食熱量は一人平均、２５４８キロカロリー。実質の摂取平均は１８９１キロカロリーです。皮などを剥いた後でさえ、全食品の四分の一が無駄に捨てられている日本です。

この地球上では、毎年６００万人もの人が飢餓で死亡しています。未踏調査もあるので、実際にはもっと高い数字でしょう。食糧危機を目前に、本当にこれでいいの？と思うのは皆さまも同じでしょう。さて、ここで主張をします。

・一日　多くても二食とすべし
・極力肉食をやめて、果物や野菜、穀物にシフトすべし
・常にいい水を確保しよう
地球は有限の星です。着物も食糧も、水も空気もみんなみんな地球のものです。何をするにも「もったいない」。昔からあるこの言霊がなければ地球は崩壊します。「勿体」とは、「物のあるべき姿」、それが「勿体ない」で、そのあるべき姿が無くなることはいけませんね。「もったいない」は地球レベルの言霊です。

いただきます　ごちそうさま

日本人の食卓での言霊の代表「いただきます」についてお話いたします。

小さい頃、食卓に向かうと、母から「お百姓さんや漁師さんに獲ってもらったこの食糧に感謝しなさい」と言われて、「いただききます」の言霊をいいはじめました。

その自分にやがて子供ができて、子ども達を躾けるようになってくると、生産者もさることながら、さらに関係者を付け加えるようになりました。つまりその食糧を届けてくれた方、デリバリーや小売店の方々にも「いただききます」の意味があること

を教えました。

「いただきます」も日本人特有で、クリスチャンは神様に向かって食事ができることを、感謝の心を捧げます。ですが、日本の文化では五穀豊穣そのものと、関係者の心に感謝をするようです。おそらく日本家庭の90％は食事時には手を合わせて「いただきます」の言霊を発しているでしょう。

食糧を神棚に供えて、そのご神饌《しんせん》を下賜《かし》され、いただく仕種《しぐさ》、これが「いただきます」の発祥かと思われます。ですが本当は、食糧は地球からのいただき物であり、地球さんに「いただかせてもらいます」という心であり、同時に食糧さんの「『いのち』をいただきます」ということなのです。

とりわけ食糧の「いのち」、ダイコンさん、ねぎさん、お米さん、お豆さん、お魚さんのいのちをいただいて、わが身の内に納めます。彼らもまた地球からのミネラル、水、光、空気で、その「いのち」を充電してきたのです。

ですから私たちは、食糧の「いのち」をいただき、その魂を身に収めることになります。古神道では、これら食糧の魂を「八千万魂《やちよろずみたま》」といいます。つまり言霊「いただきます」とは肉体への養分と、命の養分である御霊《みたま》をいただくということです。

以前、私は人間とは罪深いもの、食わずして生き永らえず、常にいのちあるものを殺して食べている、との思いもありました。しかし40歳も半ば過ぎに、五穀草木からこんな事を言われたのです。

「私達はヒトのために役立ってこんな嬉しいことはないのです。役に立つことが嬉しいのです。そして人と一緒になれるのですもの……」

ですから、植物さんは本当に本当に純粋なのです。地球のエッセンスしかいただいていないので、地球の心そのものなのです。ここにも日本人の菜食の基本があるのです。

それ以来、私の心にはこの「八千万魂《やちよろずみたま》」と一体になって、幸せになる。幸せになるとは、自分だけのことではなかったのだと、翻然《ほんぜん》と気が付かせてもらったのです。

言霊「いただきます」、それは地球と食糧の「いのち」だったのです。

食事をした直後に、「ごちそうさまでした」と言われると、お料理をした方の心に花が咲く。ですからお母さんは、もっともっと素晴しくおいしいお料理を作ってくれる。

また言霊「ごちそうさまでした」は「八千万魂」の五穀の栄養素と、その魂の栄養素とをわが身、わが魂に取り入れる呪文になるのです。

言霊「ごちそうさまでした」がありませんと、わが身、わが魂と同化できませんから、中途半端な栄養しか摂取できません。また「おいしいね」の言霊で、細胞さんには養分が吸収されてまいります。ですから、おいしいの逆のコトバでは言わずと知れますね。

食卓で、お小言をしたり、場合によっては怒鳴りつける場面もＴＶドラマで見かけますが、これは食毒になります。そんなことならいっそのこと食事を摂らない方がましなのです。

食卓では言霊「いただきます」、言霊「ごちそうさまでした」のワンセットが大事。天からいただいた魂に、親からいただいた肉体を乗っけて、いただいた食料のお陰で自分がある。だから自分は自分であって、自分でないですね。

すみません　お陰さまで

「すみません。ちょっとお通しいただけますか？」混雑した場所で、声をかけて通り抜ける風景は、お祭りの夜店の露天や、元旦の初詣ではよく見かけます。

また贈答などのお品をいただく場合も「すみません。いつもご丁寧に、ありがとうございます」と返礼する。

もちろん会社員では、「君、こんな報告書じゃ、論点がはっきりしないよ。書き直しなさい」と、上司からつき返されたレポートに、「すみません。もうちょっと時間を下さい」と答えたりもします。

私なども地元を歩いていると、道が分らない方から慶応大学や国際三田病院ほか、もろもろの行き先をお尋ねになる方が多いです。ノーネクタイで歩いていますと、見るからに地元ヅラして見えるのでしょうね。

「すみません、お尋ねします……」と声をかけられます。

この「すみません」という言霊ですが、「ありがとうございます」と同じくらいに、ヤマト民族には頻繁に使われています。

お食事でメニューが決まって、お店の方にお願いするときには、殆どの方が「すみませーん、お願いします」とお声をかける。

お正月の箱根駅伝の後日裏番組などを見ると、中継リレーのタイムアップで次の走者が見切り発車。母校のたすきを渡せなかったランナーが、泣き崩れて「すみません！　すみません！　すみません！……」と息絶え絶えに泣いて詫びる。

軽い迷惑を掛けそうになったときには、「すみません、大丈夫ですか？」と声をかける。

「すみません」の言霊は、日本人にとって、お詫びの感情もありますが、申しわけない、すまないという心の枕詞ですね。

ディベートで教育されているアメリカ人にとっては、「自己主張は生活の武器」なのでしょうが、日本人にとっては、「すみませんは融和の盾」ともなっている。

アメリカ人や、最近の物質志向の強い中国人は、「すみません日本人」をやや劣等民族と見下すことも少なくありません。テンションの低い「すみません」ですと、合理性と行動主義の外国人には珍妙に映るのかも知れません。ですから、北朝鮮を初め、海外の対日姿勢には、高圧姿勢と外交条件が最初につきまとう。また外務省はそれを知ってか知らずか、私の目には毎度、「引け目外交」に映ってしまいます。

常に下手に出る、日本人の性癖は「実るほど　頭の下がる　稲穂かな」と同様に、それが生活に刻印されているのですね。

言霊「すみません」は自分の心が『澄んでいない』こと。心の池がどんよりで、魂の奥底まで「澄みません」を自省しているのです。素晴しい言霊ではありませんか。

ご夫婦間でも、ご家庭でも、「すまないね！……」といえば愛の繋ぎは固くなる。

「お陰さまで」も日本人独特の言い回しですね。

妻の誕生日などに、「いつもありがとう。元気でいてね」などというと、「お陰さまで」とおおよそ返ってくるもの。気遣いに対する言霊の返礼が「お陰さま」。つまり、貴方さまのお陰あって、こうして居られますという。

陰とは、そこに実体としていなくとも、常にその波動の下で生かされていますという感謝の言霊。

ヒトの腸内は２百兆個ともいわれる大腸菌の住処で、この菌のお陰で推定２０００種もの酵素が作られています。菌が無ければ生体は存続できませんから正しく「お陰さまで」ですね。

約70億人のヒトは万物の霊長ですが、動物・植物数は、圧倒的に人類より数多く、植物はさらに数多い菌類の働きによって支えられております。図５の矢印は、土壌菌、つまり「お陰さま」が少なくなると、菌のミネラル産生が減少し、草木

図5

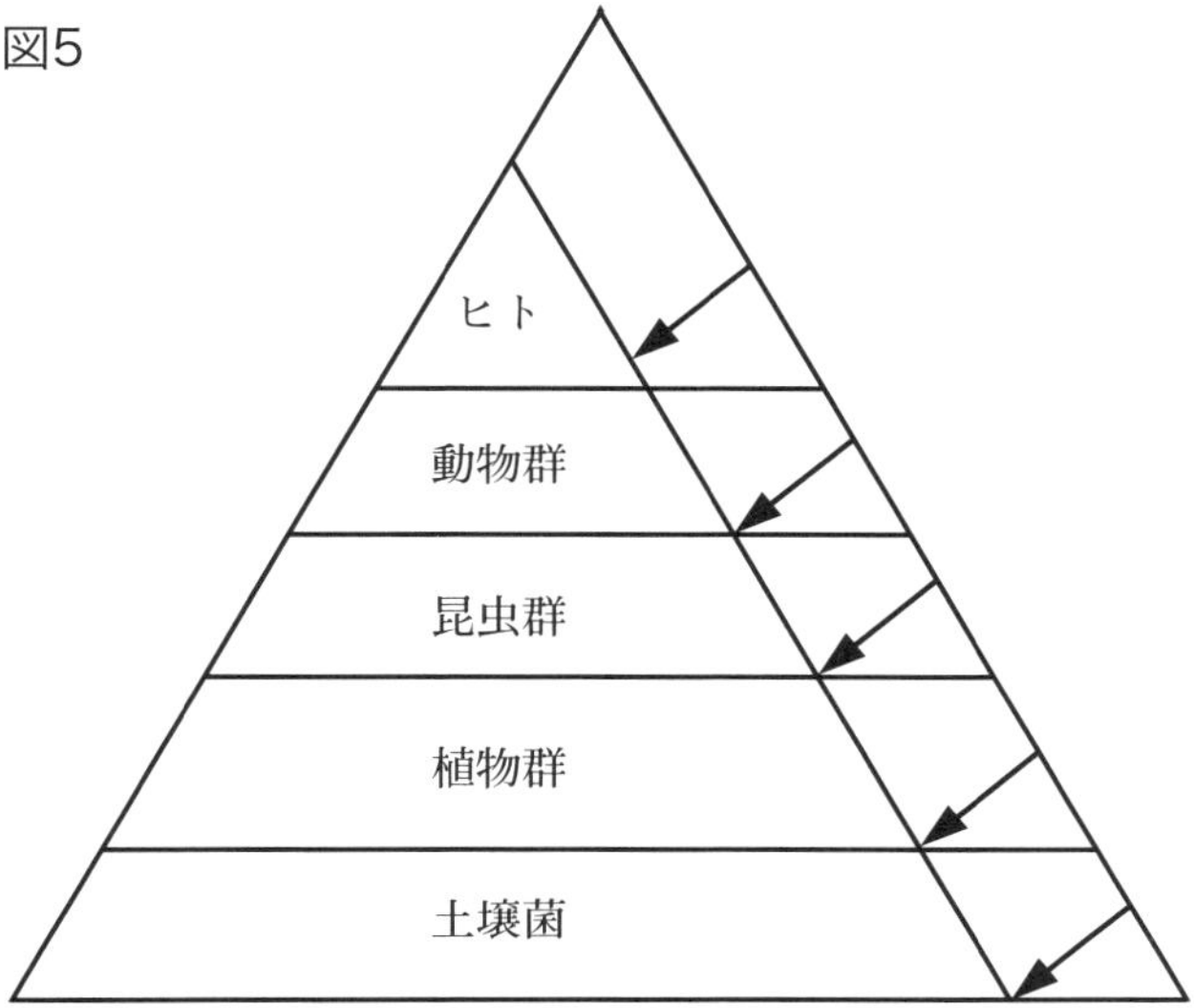

もその数が減るということを意味しています。ピラミッドの頂上の人類は他の生命体よりも成員数が少なく、菌の領域への挑戦と破壊は、人類自らの崩壊を招く構図となります。

「お陰さま」への感謝と報恩がなくなると、人類は「ワレコソ」に走り、やがて地球崩壊へと進んできたのが、これまでの近世の歴史でした。

はあい、どうぞ

「こんにちは、鈴木です」という初の訪問客のご挨拶に、「はあい、どうぞよろしく」と言霊を返し、お客様を向かえ入れます。どちらも肯定や受け入れの言霊なのですね。

「どうぞ」は「どうぞよろしく」や「どうぞお座り下さい」の接頭語なのですが、受け入れる心を積極的に表現しています。

「はあい」を漢字にしてみましょう。「はあい」は「母天意」つまり天の母なる意(こころ)に添うという意味です。愛とは、一般的には男女間の愛が主流ですが、本意は、天意(あい)ですから、宇宙大の与える優しさと、純正なこころを指します。

お母さんや幼稚園の先生が、「こっちに来てちょうだい」の問いかけに、「はぁい」

の園児たちの言霊は、その母なる意（こころ）に添いますよ、というお返事ですから、実に素直ですね。

また、夫婦間や親子の間でも、お茶やコーヒーを差し出すときに「はあい、どうぞ」と差し出されますと、まろやかなお味となります。母天意ですから、天意（あい）あり、母ごころあり、「どうぞ」で肯定と、受け入れありですから、お味が不味くなりようがないのです。

とりわけ、「はあい」は素直な表現です。神様が最も好きな心が「素直」です。幼稚園児の素直な心が、段々小学校高学年になるにつれて、歪んでくるような気がしてなりません。それは、特にアメリカ式の自己主張「ディベート（言い負かし弁論）」教育と、道徳論のない詰込み教育のせいではないでしょうか。素直さが薄れてくると、自己主張とイジメが台頭する。

「素直なこころ」と反対の心が「卑しさと屁理屈のこころ」で、後者は徐々に次のような荒んだ行為を生み出していく。正しい言霊が無くなるのです。

①こそこそする　→堂々とする。誰とでも話す

②人のモノをくすねる　→ヒトに差し上げる

③物品を汚す　→整理整頓、掃除する

④物を見てあれも欲しいこれも欲しい　↓ものに走らない我慢する心
⑤独り占めにする　↓分かち合う心
⑥人の陰に隠れる　↓正面に出て、目を見つめる
⑦弱いものをいじめる　↓自分より弱いものを助ける
⑧降参した相手に攻撃する　↓一対一であやまる
⑨騙《だま》す　↓ウソはつかない。嘘は恥である
⑩だらしない身なり　↓衣服と礼を正す
⑪見てみぬふり　↓困っているヒトに協力する

素直な心が廃れていくと、「天意」がなくなるから、魂のない競争人間しか育たない。母や父への信頼の心よりも、競争に目が奪われてくると、見えない心よりも、見えるイジメの相手や、耳から入る悪い噂や、乱暴な言葉が自ずと入り、伝染していく。千葉県八街の方だったと思いますが、イジメから見事立ち直った小学校があります。まず校長先生が、校庭に接する斜面を改良して、野菜畑を作りはじめました。そして全校生徒で、有機野菜を作りはじめたのです。もちろんその収穫物は、給食室に持ち込んで手作り食材給食になります。

そしてみんなで「はあい、どうぞ」と声をかけて、子ども達のお皿に給仕をするのです。

やがて一年も経たないうちに、その学校からイジメがなくなりました。イジメより楽しいことがあったのです。そして言霊「はあい、どうぞ」の、相手を受け入れ、認める、天意の心の波動が全校を包んでいったのです。

こうしたことは、大人になっても同様で、家庭での一服のお茶に、部屋に入る来客に、「はあい、どうぞ」で元気になるのです。

ありがとうございます

限りなく小さな自分に対して、大宇宙は途方も無く大きいですね。

しかしその小さな自分であっても、ワレはこの宇宙に確かに存在しています。

「自分が何故この世に存在しているのか？　なぜこうして体を持ってここにいるのか？」、殆どの方が一度はその不思議さを感じていらっしゃったはずです。

自己とは本来「無」であっても差し支えないはずで、この宇宙に存在することが不思議で、自己の存在は超奇跡としかいえません。

正しく「在り難い」ことですね。

「ありがとうございます」の大元は、そういうことなのです。

本来無くてもいいはずの自分が、宇宙に存在するということは、宇宙的意味があるからであって、意味が無ければはじめから自己存在は無いのです。

今ここに、生かしてくれて本当にありがとうございます。

なんという宇宙全体の計らいでしょうか。この地球に、この宇宙に、肉体細胞を含めて、自分のものなど本来何もありません。

だからあらゆる場面で、「いただきます」、「ありがとうございます」なのです。

「細胞さん、貴方のお陰で、手も足も動かすことができます。ありがとう」

「家族のみんな、一緒に生きてくれて、ありがとう」

「自分を育ててくれた、この美しい日本、本当にありがとう」

「いのちの大元を、水も空気も食糧を与えてくれて、全ての生命を慈しんでくれる地球生命体、ありがとうございます」

言霊「ありがとうございます」から、本物の心魂が躍動しはじめるのです。

暗いムードも、楽しい場面もすべての状況は、「ありがとうございます」の感謝の言霊から一切が好転してまいります。

「ありがとうございます」が無かったら、生きていることに感謝がない。「ありがとうございます」が無かったら、日本にいることへも、家族と一緒にいることへも感謝がない。「ありがとうございます」が無かったら、細胞さんに感謝を向けることもない。感謝が無かったら、地球とも、家族とも、細胞さんとも共鳴しませんから、喜びや、充実や、感動も飛び込んできません。

奥さんや旦那さんに「ありがとう」とは、なかなか言いにくいのかもしれません。ですが、朝の挨拶と食卓の団欒、その中に純粋な見えない絆が張りめぐらされている。朝一番に顔をあわせれば、「おはよう」、お茶を出されれば「ありがとう」で、新聞を「どうぞ」と差し出される。その家庭の中の朝の言霊がスタートで、それからの行動は家の外に出て始まります。

外の仕事で、自己主張と自己顕示と我欲をふりまいて、また同じ前世の過ちを繰り返すのでしょうか。せっかく生きるのなら、心の底から生き生きと輝いて生きるべしです。

貧乏でも仕事をさせていただいている。まだ働けるし失業もしていない。そこそこ文句があって小さなトラブルを起こしても、世間はリカバリーショットが打てるような構造になっている。

世間さまに「ありがとうございます」といって謙虚にコウべを垂れれば、世間様は笑顔を返してくれるというもの。家庭の明るさが、一歩外に出てそのまま地域社会を照らすのです。家庭も仕事も地域社会にも、「ありがとうございます」と常に笑顔で接していれば、世間という心の鏡の世界は「ありがとうございます」といつでも微笑みかける。鏡に映るわが姿、こちらが笑えばあちらも笑う。こちらが怒れば、あちらも怒る。泣くも笑うもワレ次第。

１９９８年、啓示でいただいた「ありがとうございます」の言霊の真意を紹介します。


「あ」とは、吾（ア）にして天（ア）の意味です。

「り」は、理であり進化を意味するのです。

「が」とはちから、濁音「が」は強調音です。

「とう」は統一を意味し、数霊では「十」の完結を、また「とう」の「う」は、第一章で論じた、勇気を従属する意味でもあります。

「ご」は、凝り、凝縮の意味にして、神の心も意味します。

「ざ」つまり、佐（たす）くる奉仕の心をさします。

「い」即ち日常の位（イ）にして天の意（こころ）。

「ま」は真実の真（マ）にして、

「す」は主（ス）、すなわち主神の次元へと帰一します。

つまり前段五音は、天即ちワレでもありますが、そのワレが天理を通し、力をもって統合へと向かう言霊です。後段五音は子（人類）が、うちなる魂とともに周囲に向かって協力し、共生（トモ）への奉仕に向かい、それが当たり前の、毎日の真実の姿になり、やがて統一自己、すなわち主神へと同化する神呪なのです。

「ありがとうございます」の言霊がなかったら、日本は崩壊します。

「ありがとうございます」の言霊がなかったら、家庭は崩壊します。

「ありがとうございます」の言霊がなかったら、肉体は崩壊します。

だから、全ての全てに優先してこの感謝の本元言霊「ありがとうございます」で、日本中を埋めつくしましょう。

感謝に天に返す愛あり、感謝に天の期待である己の進化があり、感謝に神人に向かう勇気あり、感謝に共生の調和の義務ありなのです。

21世紀、日本人が世界を誘導し、物質至上主義から、共生主義とでもいう心と、特に魂、つまり霊性を原点に据えた真の生き方、「霊主心従体属」を先導していきます。

原宿にたむろする若者も、電車ではた目も気にせず大声で笑いまくる女学生も、ゲームセンターに入り浸る少年たちも「ありがとう」の言霊くらい知っている。

日本人なら誰しもが知っている「ありがとうございます」

全ての日本人に新世界創造の大きな使命があるから、「ありがとうございます」の十音（統一音）の単純素朴な言霊が授けられている。

世界を先導して行く天津霊継民族には、自らの心の行き詰まりを打開するためにもこの最強の言霊「ありがとうございます」を駆使する必要があるのです。

何かにすがって、助かりたい、なにかに頼ってやり直したい、何かを念じて発奮するというこれまでの生活スタイルがあるかもしれません。

しかし他力の想いのその前に、本物の内なる自己の輝きを表現する言霊『ありがとうございます』があって初めて、人と神がつながるのです。

「ありがとうございます」で魂の発動があり、そして自分の内部から愛が迸《ほとばし》り、調和への道が開け、進化の躍動が動き、勇気の充実が湧き出てくる。

想いが体質を変え、その想いが新しい遺伝子情報を創る。その想いと言葉の至高の一致、肉体と心の躍動する究極の言霊、それが「ありがとうございます」なのです。

第三章　もてる生き方の言霊

日本には古来からの、数多くの神代文字があるのです。
アヒル文字、クサ文字、イムベ文字、カタカムナ文字などなど三十数種も発見されております。
上図はホツマ文字です。中心の3文字はア・ウ・ワと記され、アの左回転渦、ワの右回転渦は、まるで物理学の基礎をみるようですね。世の中の（＋）と（−）、男と女、陰と陽の原型です。それが言霊には刻まれているのです。

笑顔が一番

言霊は現象化しますから、毎朝おふとんから起き出すときの言霊が大事です。

言霊は無言ではなくて、声に出すことが肝心で、仮にまだお休みになっている同宿・同伴者がいるときは迷惑になりますので、小さな声でも結構です。

おふとんから起き上がるときの言霊は、「ああ、よく寝た」、「さあ、今日もいいことが待ってるぞ！」です。

これで、昨日までの肉体の疲れを、言霊で禊《みそ》ぎしてしまいます。覚醒脳も、この言霊の入力で満足ホルモン、「ドーパミン」が分泌されます。するとどうでしょう、体の中に力がみなぎって来るのです。爽やかな目覚めにつづいて「さあ、今日もいいことが待っているぞ！」と行動の結果を言霊宣言で描きますから、結果を先取りするスイッチが入ります。

朝の洗顔時、そう鏡の前のです。今日一日、その笑顔を皆さんに愛想よく振りまくのですから、開口一番の言霊は「笑顔が一番！」

もちろんニッコリとですよ。しかめっ面では、意味がありません。そんなに美人でなくても結構で、赤ちゃんの素直な笑顔をイメージして下さい。

どんな極悪人でも赤ちゃんには勝てません。赤ちゃんの笑顔を見ていると、自然にニコニコしてしまいます。それは人間すべからく、心の本性には、赤ちゃんの笑顔のような、まあるい心と素直さをもっているからです。赤ちゃんの笑顔を見て、憎たらしいと怒り出す人はまず世の中にはおりません。

仮に、貴方の顔が赤ちゃんと同じように、にこやかな笑顔であったらどうでしょう。貴方と出会うすべてのお方は、貴方に赤ちゃんの素直な心、母親を慕う愛の心を感じることでしょう

神様の好きな言葉が「素直」です。素のままの直霊《なおひ》、つまり神様の分け御霊《みたま》そのものという意味です。邪気がないから、これを無邪気ともいいます。

人生をマイナスに引っ張っているのは、マイナスのコトバ。人を誹謗し、怒鳴りつけ、或いは心に負を溜める愚痴や不安のコトバです。

マイナスのコトバは、自分の直霊の波動ではありませんから、細胞が硬直化するのです。コトバが、自分の心に大きな曇りを作ってしまいますから、それが執着となって離れないと、細胞はその本来の「素」ではない、マイナス波動を受けつづけることになります。特に怒りは、自分の細胞を大いに傷つけます。もちろん、病になる以前に怒りという「分離の極地」である感情自体、実に不愉快なことですね。

怒りが楽しいという方は、まずいらっしゃらないでしょう。怒りのエネルギーは、細胞を傷つけ、病を誘発します。不愉快な上に病になるのですから、非常に損なことです。

だったら「もう怒らない」と、宣言してみてください。怒って、徳なことは全くありません。自分が不愉快で、他人も不愉快なのです。場合によっては、貴方に会うことを金輪際《こんりんざい》止めてしまうかもしれません。そして、他人も傷ついて病となり、口論して警察沙汰になることすらあります。

「もう怒らない」これを、肝に銘じていると、貴方は段々「もてる人」になります。

人の表情は、その方の生活そのものを表します。悩みごと、心配ごとなどのマイナスの感情に包まれていると、おのずと肌はササくれ立って、表情にまるでツヤがありません。人間、もっとも端的にその心の様子が表れて来るのはお顔なのです。

貴方の姿を最初に覚えていただくのは、「お顔」です。心から充実していると、実に明るく、まろやかで、素敵なお顔となります。ひとりぼっちで生活をしていた女性に、ひとたび彼氏ができると、その表情は明るく一変します。

顔は貴方の現住所を表わし、顔は貴方の喜怒哀楽を表し、顔は貴方の体調を表わします。「笑顔が一番！」で、そんな貴方に、異性も同性も、みんな集まってくることは自然の摂理なのです。

もちろん女性は、お顔を常に気にかけているでしょう。ですが、内側美人が最も大事なこと。そしてできれば菜食メインにして、気持ちよくウンを体外に排出すること。さすれば顔にツヤとハリが出て、本物の運を取りこむことができるのです。

話上手は聴き上手

心理カウンセラーさんとお話をする機会がよくあります。

解離性障害ほか、心にさまざまな悩みをもつ方は、普段のなにげない生活の中でも自責の念が強くて、他人《ひと》からの指摘に対する感受性が高く、人の陰を心の奥にしまい込んでしまうことが多いのです。心理カウンセラーさんは、まずクライアントさんの心を、どう開くか？　そのための第一の手立てが、聴くことなのです。

私自身、スピリチャルな世界のお話をする機会が多いものですから、病気をはじめ、家庭不和、子供の進学など、いろいろな相談を受けたりします。そのときも、初めから方向付けするようなお話は、ほとんどありません。それは、その方の心の世界を十分に開かないと、物事の本質が見えて来ないからです。

ある方は、自分の悩みごとを泣きながら話すのですが、とうとうと長時間にわたって夜まで話し込んだりもします。すると、こちらから殆どお話をしないでも、もうご自身でそれなりの解答を見つけ出してしまう場合もあるのです。

言霊五十図を駆使した言語の世界と、無言で見つめ合う非言語の世界があります。手を取り合って目を見つめ合い、ただ黙って分かり合える世界もあるのです。言霊はこちらの意思表示ですが、相手の言霊は、相手世界の中での意思表示です。

神社の境内を守る二匹の狛犬さんは、口を「阿・あっ」と開いている言語の世界と、口を「吽・うん」と結んでいる非言語の世界を表現していますね。

病気にしても、お医者さまは患者さんの患部の様子をさぐって、それだけで病名をつけるのではなくて、病になった、生活の一切合切を丸ごと見届けて判断することも必要でしょう。それを「人間まるごと医療」と称します。

帯津三敬病院の帯津良一名誉院長などは、まさしく聴き上手の達人といえます。聴き上手であって、患者さんの想いや趣味、そして生活態度まで伺う、だからこそ話し上手です。

十分に聴かなければ、相手の世界観、生活心情、そして今の心の状況はとても見えてまいりません。「聞く」と「聴く」とでは大違いで、前者は門構に耳ですが、後者は、耳偏に十分に四方に心を配ると書きます。つまり、心で聴くのが「聴く」です。もてない男性の典型は、「俺が俺が……」で、相手への配慮がまるで無い人。話が弾まず、控えめすぎる男性もイマイチだらしがありませんが、それでも話をよく聴いてくれる男性ならば、相手方もそこそこに信頼してくれます。もちろん女性であっても同様で、一方的にしゃべり出す女性は、敬遠されて当たり前。

相手の世界を十分に認め、理解できるからこそ、その世界に応じた話を進めることができます。野球の嫌いな方に、ジャイアンツやタイガースの話をしても、まるで興味が湧きません。仮にお茶やお花の世界が分からなくても、彼女の礼法や、美の世界観に相槌が打てれば、男の剣道の礼法や形の美について語り合うことができ、そこに共通の土俵ができて、第三の新しい礼や美の世界が発見できるかもしれません。

十分に聴き、そして語り、それらの交流で信頼が生まれます。それは男と女の付き合いだけではなくて、人生を通した広い付き合いかたのコツでもあります。

NHK教育テレビの番組だったでしょうか、幼稚園の教室内をグルグル駆け回り、積み木をしたり、ママゴト遊び中の幼稚園児35人を前にした紙芝居屋のおじさん。彼が、漫才師と同じテンポで早口でまくし立てる。するとそこに興味を引かれた幼稚園児はたったの3人。あとは、相変わらずの駆け回りや、そ知らぬ顔の園児たちです。

ところが、今度は相当ゆっくりテンポで語りはじめると、やがて紙芝居の前には30名の園児が集まったのです。

どれほどの力説であろうと、相手に伝わらなければ、その力説は紙くず同然なのです。相手の心に響くのは、ゆっくりとしたテンポなのです。友人だった音楽家の故・片岡慎介さんは、話し上手な方でしたが、テンポ116、つまり1分間に58のメトロノームの速度で語っておりました。よく聴き、ゆっくり話せば皆、貴方にお顔を振り向けてくれます。

いやな上司にも感謝できるか?

人生には前世からの因縁、天敵がつきもので、今生では最低3名位はいらっしゃる。中には自分の父親が天敵という、お嬢さんもいる。

けれど、そこから逃げてはダメ。逃げると逃亡先でも必ずその天敵の第二弾目が現れてくるのです。さらにそこから逃げればまた第三弾が表れるもの。家出同然に親元を離れて、父親とは一見違う男性と結婚したが、しばらくすると、その旦那にまた父親と同じ影、天敵の影を見ることもある。

ですから天敵からは逃げないこと。押し返せば、必ず押し寄せるのが「波の原理」です。課題は、そこで悟るか、許すか……。

会社の上司、あんなイヤな奴はいない、ヒトの顔さえ見れば文句ばかり言い、いい仕事をしても「良くやったね！」の一つも言わない。よくあることですね。仕事帰りの同僚と、一杯飲み屋で愚痴をこぼすのもよく分かります。けれど、そのイヤな奴、イヤな上司というのは。貴方の世界、貴方の見方、貴方の心の中だけの姿。なぜって、そういう心に映像を落としたのは、貴方だけの中味ですから……。

貴方以外の別の方から同じ上司を見ると、寸分たがわず、全く同じ姿ではなくて、その方なりの口うるさいけれど憎めない上司の姿が映る。

つまり貴方のその上司は、自分の心だけが認めているから、自分が作り上げていることに他ならないのです。

暗い環境に遭遇したとしましょう。暗いと感じているのは、主観の自分の心。だから、暗い環境も自分の心のあり方、一つで様変わりするのです。

彼女から「貴方って、ほんとに素敵よね！」と素敵な言霊を聞かされると、職場の暗い環境に行っても、それほど薄暗い場とも思えない。「どうしちゃったのよ、みんな！　さあ仕事、仕事！」と言うはずです。すると、その場が変わるのです。

「やあ、こんにちわ。あっはっはっ」で心から笑ってみましょう。意識、そして心とは何か？　それは言霊です。明るい言霊の一灯点火で、場に変化が起こるのです。「今」も「わたし」も「上司」という言葉も、それがなければ認識できません。「イヤだ」というのも「素敵」というのも、心の状態をコトバで表現しているもの一切が言霊です。言霊が現象を認識させております。だからその言葉を出すということ自体が、心を現象に焼き付けているということです。

感謝の言霊がなければ社会は、決して明るくはなりません。周りがいくら照らそうが、こちらの心が曇っていると、明るくたって、明るくは見えてこないのです。

いやな上司に、「教えてくれてありがとうございます」と、さて感謝できるかな？感謝できるとマイナスは消滅する。天敵の存在は、人生最大の自己成長の糧だったのです。天敵に感謝できたら、今生の課題はほぼクリアといえます。一番大事なことは自分の心の明るさで、いつも笑い飛ばす、そして期待せず、執着もしない。

自分の周りを明るくするのには、心の優しい人、思いやりがある人、逢っていて楽しい人と付き合えばいい。それも多いほど結構ですね。ですが、自分自身がそうした、なんでも笑っちゃう、いつも明るい、常に前向き、物事を肯定的にとらえる、そんな自分でいたほうが楽しい。そうすると、何でも善意に受け取る癖が付くのです。

笑顔で明るく過ごしなさい。すると明るい人種が自然に寄ってくるのが自然の道理。腹をたて、怒る、人の悪口を言えば、そのマイナスのコトバが周りを傷つけ、自分もそのマイナス波動で、体までおかしくなっていく。もうそんなことはおやめなさい。非難しない、身キレイで、上品、姿勢も良くシャンと歩く。そうした颯爽とした貴方に、ヒトは喜んで付いて来る。上司に怒られようが、ニッコリしなくてもいいが、「教えてもらったね」と反応すると、貴方がその上司を超えて、輝いて見える。頼りがいのある、人間味のある、素晴らしい人間に見えてくる。もてたいならば、いつも笑顔で颯爽と、背筋を伸ばして歩く。すべてに感謝して「われ快なり」と生きてみよう。

ウエルカム人生

なんでも否定する方には、幸せは訪れようもありません。人の幸せをみても、やっかんで否定、そして否定。現状を肯定しないのですから、仮に幸せの種が飛び込んできても、否定ですから、すり抜けてしまいますね。

お嫁さんが、お姑さんからセーターを買って貰っても、その場のつくろい顔はあるものの、心中では色柄が気に入らないと否定。あまつさえダサイ！などと感謝も無い。風で飛ばされた洗濯物をお隣様が届けてくれて、玄関先で「ありがとう」と口先では言ってみたものの、何かうちの様子を窺《うかが》いに来たのかしら？　と疑心暗鬼。

残業疲れの旦那のお帰り、それが遅いと、相手を気遣いもせず、自分の時間に合わないのが気に入らない。開口一番「あんた！　何時だと思ってるのよ！」。

こうした否定、否定の毎日では、喜びが、そして幸せが、飛び込んでくるはずがありません。不幸になりたい方は、このようになさってみてください。

一年前の否定、一ヶ月前のぼやき、一週間前の怒り、おとといの悲しみ、今朝の不安、一分前のいらいら……。こうしたマイナス意識のイメージや負のコトバの力が、暗い陰ある今と次の瞬間を創っているのです。

「お隣の仲のいいこと、さていつまでもつのかしら……」など、おまけに他人の幸せも否定したらいかがでしょう。大変な道が待ってますよ。

そのお隣のお方のツイテル幸せ波動をも拒絶してしまうから、せっかくのツイテル波動のおすそ分けもいただけません。

喜びは宇宙と共鳴し、増幅して自分に返ってきます。否定という想いの波動は、大調和を基にする宇宙とは共鳴しませんから、そのまま反射して自分に返ってくる。すると自己は否定の塊ですから、周りはその否定の発信源を見たら鬼を見つけたように皆避けてしまう。

周りは、嬉しいこと、楽しいこと、元気になること、愉快をおすそ分けしてくれる発信源に近づきます。ささやかなことでも勇気を付けて貰えること、自分を受け入れて、認めてくれることに、深い喜びを感じるのですから、否定の存在とは遠ざかるのは当然です。

現代風のお嫁さんが、お姑さんに合わせた古風とのバランス思考で、買い物もお料理も根っこから明るく、人想いで、「ありがとうございます」の毎日でしたら、お姑さんはイヤミのやりようがないのです。

日本人は「ありがとうございます」と、「ごめんなさい」の言霊に対して、それ以上相手方を攻撃する性質にでき上がっていないのです。笑顔と明るさが、家庭の電灯なのです。

お隣様とのお付き合いに触れて、「お隣は仲のいいこと……でもうちの方が、もっといいわよ」と、豪語できたら素晴しい。

何でもウエルカムの奥様には、お隣近所の方々も頼りがいを感じるもの。そして人生の友として、心から貴方は信頼されることになるでしょう。

男性陣も女性陣も、否定の毎日ではないにしても、自分にはできない、常識にないから、やったことがないからやれないなどの固定観念で、限界を造ってしまうと、新しい感動には出会えません。今までの自分とは違う、異質な体験を受け入れて、はじめて成長に繋がります。何でも受け入れ、何でも試して毎日を嬉々として受けとめるから、神様がさらに力を付けてくれます。

ヒトの才能をうらやむ前に、ご自身には他人《ひと》のもたない特長があるのです。67億人の人類が皆DNAが違うように、それぞれ有用な個性があるのです。

人生は失敗の連続で勉強していくものです。失敗とははじめからわかっていれば、そんなこと、誰もやりません。失敗という経験をするから、それが身について、その貴重な体験から得たものが、その方なりの人生の柱に変わってくるのですね。

失敗でも何でも、前向きに捉えて、いつでも何でもウエルカム。そうした方こそ本当の「もてる人生」を歩むことができるというものです。

弾む心が、いい遺伝子をスイッチオンしてくれるから、「病」になりにくいのです。健康で、一層人生に深みと味わいをみせてくれるから、周りの男性にも女性にも本当の人間的魅力を感じさせてくれるのです。

ウエルカム人生は、良いこと尽くしなのです。全てを受け入れ何でもウエルカム。

「なんでもウエルカム」を心の柱に据えて人生を味わうと、神様への道は一本道。ツイテル、ツイテル！　前向きの想念だから、細胞は躍動するしかないのです。幸福の方程式は「ツイテル・ツイテル」のプラスの意識変数（A）と「ありがとうございます」の感謝言霊（B）の掛算で「幸せの現象化エネルギー」（E）は構成される。どんなに環境が変化しようが、右の単純式（E＝A×B）を常に座右に置いていると、宇宙が味方となってくれる。ウエルカム人生には、魔の付け入る隙がないのです。大宇宙ビッグバンにゆかりをもつ元素で、今の肉体が構成されていることに気付くことが大事です。

つまり自分のモノと思っているこの肉体は、なに一つとして自分のものではなく、両親の縁もあるし、食事という大地のいただき物などすべて宇宙からの授かり物。ヒトからよく思われたいとか、ヒトに愛されたいとか、そんなことはどうでもよく、全て肯定の「ウエルカム人生」を生きることです。

ほめる、ほめられる、そしていのちの輪

「ほめられたい」という感情は素直な心の欲求で、それを卑しいなどと押し殺す必

要は全くないのです。

子供をほめることによって、子供の心に自信が植え付けられ、またほめてもらいたいから同じような行動をする。そして、親からもっともっとほめられるように徳を積んで大きく育つもの。

大人の世界では、「ほめられることをする」、その結果が上司やご家族や恋人に「ほめられる」のですから、前提は「第三者への素晴しい行為」ということになります。

自分がほめられることが目的で、それだけのために行為をすることや、ほめることを相手方に要求しては、文字通りほめられたものではありません。それでは心の薄い、自己保存に近い内容になってしまいます。

でも素晴らしい行為には、老若男女問わずおほめの言霊を発しましょう。おほめの美しい言霊であと押しされて、そうした素晴らしい行為が日本中に、どんどん広がるようにしましょう。世の中には、まだ汚いコトバが充満しておりますから、「ほめことば」、しかも美しい言霊を多用することによって、汚いコトバを払拭しましょう。

「よくやったね」、「素敵だ!」、「お陰で町中がこんなにきれいになった」、「ここまでやってくれた、すごいすごい」、「素晴らしいじゃないですか!」、「本当にありがとう」、「ばんざーい」、「立派にしてくれたねえ!」、「もう最高!」、男性も女性も一日に10回はほめ言葉を撒き散らしましょう。

「ほめる」ということは、ほめられた方の反復行為があって、例えば家族が「お母さん、今日の料理はすっごくおいしいね」と、ほめてくれる。するとご家族のためにお母さんはさらにお料理を工夫してくれて、「美味しくなあれ、美味しくなあれ」と、愛の言霊で念じるお料理は、さらにさらに美味しくなる。

こうなると、ほめたほうもさらにビックリで、ご家族は、お母さんは本当にお料理の達人と認識せざるを得ないのです。

また、お嬢さんが手縫みで作ったセーターを、ご家族が「なんて上手なんだ！」とほめると、それがやがてプロの道に行くきっかけになるかもしれません。

事実、私が小学校5年生のときに、隣のオバサンと母が自宅で談笑しているときに、お小遣いでこっそりトマトを買ってきて、それをカットして皿に盛り、砂糖を振りかけて二人の前にさし出した。初めての私の手料理でしたが、母には殊更《ことさら》にほめてもらいました。それが後に、料理が私の人生の趣味となるきっかけともなりました。

ほめることが、前向きな生き方のスパイラルアップにつながるのです。

単におカネやモノを差し上げればよい、というものではありません。

寄付や報酬の対価と違って、「ほめる」とは、こころの対価だからです。むしろ子供に不用意におこづかいをあげたり、大人も報酬以外の金品を受け取ったりすると、その愛他の行為が金銭で売ったことになりかねません。「心の対価」としてほめる言霊とは、相手の無欲な素晴しい行いへの魂の共鳴です。

無償の心の美しさを伴った愛ある行為、それに対して周りの方が、ごく自然に感謝の言霊や「おほめの言葉」を存分に出す社会環境に、どんどん変えていきましょう。

一方で、「ほめられたい」という感情の元は、人の喜ぶ顔を見たいという「心のうずき」からくる対感情でもあります。相手の笑顔を求めるのは心の奥の真我であって、真我は本当の幸せとは人の喜びであることを知ってます。

幸せとは　人生一生の最大目標です。

もちろん「ワクワク生き生き」と生きることが、人生の目標ではありますが、その状態を端的に表現すると、喜び、感動、充実、感謝、この見えない四つの心の状態が重なり合った、「四合わせ」状態が人生の目標です。

自分自身がこの「四合わせ」状態に浸り切ったとき、歓喜に震えるのですが、実は自分が原因となって、人を喜ばせ、感動、充実、感謝に誘《いざな》うことが最も深い喜びなのです。

いかがでしょうか。自分が喜んでいる心の震えと、自分のお陰で人様が喜んでくれるのと、どちらがより深いところから疼《うず》くでしょう。例えば、ご自分のお母さんが、心の底から喜んでくれることと、自分だけの喜びとを比較したときに、どちらがより深い喜びを感じるでしょう。

人の幸せの状態を作ってさしあげること、しかもごく自然に、素直に人に喜んでもらい、人に感動していただき、人に充実を味わってもらい、そして人に感謝の心に浸っていただくことが、実は自分自身の深い喜び、真我の喜びなのです。

人に幸せを味わってもらうこと、それが本当の幸せなのです。

私たちはすべて繋がりあって生きています。その繋がりあった世界の中で、自己よりも、もう一つ大きな心が、「真我」です。

赤ちゃんの笑顔を見ると、自分の心は楽しくなります。子供たちの元気な遊びや、「お母さんありがとう」の言霊を聞くと、私たちの心はますます生き生きします。

お隣の収穫作業に無報酬でお手伝いしたことが、相手方への収穫の喜びとなり、その笑顔や充実感が自分の心に共鳴して、一体的な喜びとなるのです。

こうした人への無報酬の喜び、感動、充実、感謝の種まきが、真我の本性的喜びなのです。真我は「個」よりも「全」の性格をもちます。

私は、小学校六年生のときに京王線の「八幡山」という駅校舎で、若いご夫婦の大きな口げんかを目撃しました。

その怒鳴り合う大きな声にびっくりし、自分の心臓がドキドキして痛み出したのです。もちろん、私が怒られたわけではありません。ですがその諍《いさか》いを目の当たりにしたとき、わたしの胸の奥が激しく痛んだのです。

今にして思えば、それは「真我」の痛みだったのです。おそらく皆様も、それに近い体験があったかと思います。

全ては繋がりあっています。

妊娠中のお母さんの胎児は38億年の生命の進化を、わずか十月十日《とつきとうか》で遂げてしまいます。ですから38億年の生命の時間・空間をすべてのヒトDNAが持っているということになります。

ならば、それは「地球意識」そのものではありませんか。私たちの肉体も、地球の元素でできて、なおかつ「地球意識」DNAをこの体内に宿しているではありませんか。

つまり、全ては繋がりあっています。

「真我」は自他のないことを知っています。

だから、人の幸せこそが自分の幸せなのです。そこが「もてもて人生」の極地です。

家庭にあっては、子供や夫や妻の喜ぶ顔が、両親が心から喜ぶ姿が自分の幸せなのです。

家族の喜びのときに、貴方はもちろん笑顔で、やさしく、心穏やかでいる。家族はその喜びが、貴方のお陰であることを知っていますから、「お母さんありがとう」と、子供や夫が感謝の言霊をたむけたり、「お母さんすごいね」とほめてくれるのです。

私たちは商売の中でも、お客様にその商品を買っていただき、その対価としてお金をいただきます。ですが、接客の応対、その品が置かれた全ての空間全体もその対価です。また、そのすべてを含んだ「幸せ」をお客様に差し上げた、サービス全体が対価です。

商品技術で得たお金を、商売の対価といいます。お客様へお渡しした「幸せの対価」が、お金なのです。

やがて、資本主義も大きく変わるでしょう。これまでの経済競争と違ってすべての価値観が「人様に対する幸せの供給」、ここ一点なのです。

農業も、流通業も、製造業も、もちろんサービス業も、学校も、医師も「人様に対する幸せの供給」がこれからの、弥勒の世の価値観なのです。

もてる男と、もてる女

最近では、就職活動のことを「就活」というのだそうです。

段々若い方の働く環境が少なくなってきて、正社員ではなくて、フリーターでも瞬間風速の稼ぎで効率よくお金をためる。そしてサーフィンやら、ゲームやらの自分の趣味や海外旅行に、惜しげもなく大金を使ってしまう。またお金がなくなったらフリーターの繰り返しで、一年を過ごす。そんな流れもあるようです。

こうなりますとなかなか、早く結婚して生活の城を作るという感覚にはなりがたいものでしょう。

一方で、就職活動ができず、フリーターにもならず、極端な場合は路上生活者まがいのフーテンで、巷をさまよう若者もいる。しかし、そういう自堕落な生活を求めるのでなく、フリーターでも正社員でも真面目に働こうとしている若者が圧倒的に多いはずです。ただ残念なことに、自信なさげにおどおどとして口ごもり、話もできずに面接で落とされる方も多いようです。

ヤル気のある若者でも、何回も面接で落とされると、自信を失いかけて背中を丸めてしまう。はっきりしたコトバ使いと、会社での夢や目標が伝わらなければ、採用側は、会社でのその人物像が描けません。挨拶、明るい言霊、ピンとした姿勢、目標意識を堂々と話すなど、入社試験前の一日練習の付け焼刃でなく、普段の生活からそうありたいものです。

何とか仕事に就けて、一年経ち、二年経ち、仕事も段々覚えて社会人期間へと移行してまいります。徐々に高い仕事目標を与えられ、仕事仲間との会話もあり、お付き合いもあり、トータルの自分人生を切り拓いてまいります。

この社会人期間、男も女も、もてない人種が相当多いのも事実。

女性から見れば、もてる男とは健康であり、男らしくて、頼りがいがあること。

そして、旦那候補には、まず稼ぎがなければ話にならない。それには、しっかりと目標を持った、生活の目標と態度、そして腹の座った仕事場の姿勢がなくてはならないし、何よりも生活の正しいメリハリが大事です。

結婚前提は、しっかり稼いでしかも丈夫で壊れにくい夫。それでいて妻の話を心から十分に聴きいってくれて、しかも怒らない。家庭を、家族を第一に考え大事にする夫です。人を包み込む包容力があって、なおかつ友人にも囲まれ、機敏で一緒にいて楽しい。

上司から見ると、できる男とは、営業でたった一人でも切り込んで行けて、職人として腕も立つ。技術屋としては、繰り返し繰り返しの忍耐力と洞察力が要求される。少々の波風があってもクラクラ、ヨタヨタと根無し草のように吹き飛ばされず、自分の信念で立ち回る。

社長クラスからみた使える男とは、一家言あって、人の言動に左右されず行動で大胆に示してくれる。自分の意思を、目的をしっかりと持っている頑強な人間である。それでいて腹も太く、遊び心がある。ユーモアとセンスがあり、社外のお客さんからも、誠実でなおかつ一緒にいて喜ばれる人。

こうなりますと、先ほどの就活で、口ごもって挨拶もできず、目標もはっきり言えず、背中が丸まっている入社希望の若者とは大違いであることが分りますね。

人間とは頭でっかちの学問が第一評価では決してありません。学校で教えてもらった薄っぺらな知識ではなくて、腹が据わったヤル気と大胆さが重要です。学校教育の方程式では、火事場は渡れません。知識より不動の信念をもち、なおそこに愛あり、智慧のある心が会社を支えるのです。

体験を重ねて、自分の人格を磨いていく。その行為行動の全景は、「言霊」から発するのです。言霊が相手に意志を伝え、言霊が自分の動機を明確にし、言霊が内なる魂の震えを自分の信条として内部確定するのです。

誰もに共通する、魂の基本玄律は「純正」、「信念」、「希望」、「創造」、「愛」、「勇気」、「進化」、「調和」の八光なのです。

またこれに「感謝」と「信頼」が加わると鬼に金棒であって、若いうちは礼節と誠から入っていく。これができれば、女性にも男性にも、そして会社にも、もてること間違いありません。

最近では結婚活動のことを「婚活」と称しているようです。

「こんな私でも、合う旦那さんが見つかるのでしょうか、素敵なお友達がいつ現われるのでしょうか」と、気を揉む女性方もいらっしゃる。

そんな独身女性たちと、私はたまに居酒屋に行くことがあります。

「立派に仕事もこなしているし、オンリーワンの人生でも生きがいは結構ありますよ」と、するりと抜ける。

「でも、仕事がつらい日もあって、そんな日は毎晩寂しいですよ。孤独を感じますし、いい人がいればいいんですけれど、どうしたらいいんですかねえ？」と、彼女たちから追いかけてくる。

シャキッとしない男性、また俺が俺がの口先だけで耳ももたない男も世の中に結構居ります。そんな中、ほどほどの男性と出会っても、うまく話せず口ごもって、後でこうもすれば、ああもすればと、悩んでしまう方、逆に得手勝手な自己中の女性も存外多い。とりわけ20代後半になると、少々焦りもあり、親もうるさくなってくる。

そこで、お仲間集団で飲み屋さんに行ったとき、そうしたオンリーの女性らとご一緒にグラスを傾けながら、言ってみる。

「男性の私から見た、つたない理想女性論を話す前に、もし貴方がたが男性だったら、一体どんな女性が自分の伴侶としていいのか考えてみてよ……」

皆さん、「…………………………（無言）」

「それじゃあまた、次回あったときに、ヒントを言うからね」

そこで、オンリーワン女性らとお別れをします。

一週間ほどあけて、次にあったときに笑顔でこんな話を向けます。

「ところで、貴方が男性で、理想とした女性像は、まとまったかい？」

「そうですねえ、色々とありますよねえ……」

それに相槌を打ちながら、

「その女性像と、今のご自分とを比べて、どうですかい？」

と言いますと、またもやほとんど自分の意見を言いません。

どんな方も、異性の立場で、理想とする相手方の姿と、今のご自分とを比較して、どうなんだろうか？　と考えさせるようにしています。

もてる女性は、とにもかくにも笑顔が一番な方です。屈託のない笑顔ですから、少々会社でいやなことがあっても、その笑顔の明るさに心が灯されて、周りの方が皆温かくなる。

次にいつでも健康で、どんな人とでも明るく付き合う方です。健康でなければ、家庭は明るくなりませんし、第一健康な子どもも生まれません。家庭の大黒柱が健康であってこそ、家族全体が健康になるというもの。ところが健康も笑顔も、心のあり方が、喜びと感謝に満ちていることから発します。

ということは、心の内容が肯定であり、受け入れであり、感謝であるということには、素晴しい言霊が大前提になります。

もちろんお料理も手早くておいしい。それは「おいしくなあれ、おいしくなあれ」の言霊呪文を発しているからおいしいのです。

大事なことは、自分のためじゃなくて、家族のために楽しんで家事をしてくれていること。家中が整って整理整頓、靴もバラバラになっていないし、おトイレもお風呂も綺麗。それは心が整理されているからで、それが家庭の理想的な姿。

当然旦那さんも、切った張ったの会社よりも、整った家庭内の奥さんのほうが明るくて可愛いいから大切。だから、いつまでも愛するようになる。

また家が整うということは、子供の勉強や躾にも行き届く。「躾」という字は、身だしなみが美しいということですが、形から入って、まるで「しつけ糸」のように、基本形を子どもに仮縫いしている。

もちろん、サザエさんのように明るく元気な言霊を発する奥様は、少い給料であっても、上手に生活の遣り繰りをする。こんな弁天様みたいな女性だったら、男性は絶対にくっついてくる。

もてる男と、もてる女。その原型は感謝の言霊、相手を思いやる心、そして元気、笑顔、整理整頓、信頼、勇気、包容力。よろしいですね、以上はぜーんぶ、物質じゃないですね。見えない心、手では掴めない心の内容です。

ツイテいない、寂しい、わびしいと、嘆いていては始まりません。そんな低いレベルではなくて、人は幸せになる義務があるのです。

また、人を幸せにするレベルにまで、自分を高め変えていきましょう。

もてる男は、素晴しい旦那様になります。もてる女は、素晴しい奥様になります。

そして共に、人生の喜びを極めてまいりましょう。

「今日もツイテル、ツイテル」の言霊をいつでもどこでも連呼しましょう。困ったときこそ「ツイテル・ツイテル」でいいのです。それで状況が変わるのですから。

第四章　心がリフレッシュする言霊

いまを楽しむ　：　鈴木　俊輔　作

いつでもどこでも「うれしいな、たのしいな」の言霊を。
私たちが楽しむと、神様が喜んでくれます。
「うれしいな、たのしいな」でテンポ１１６で歩くと健康になります。
ちなみに、日本の神さまはお酒が大好きで、楽しく陽気な場面では、
「たまゆら」が飛び交ってますよ。

気分転換のうまい人

気分転換のうまいヒトは、皆さん同じ特徴をもっていらっしゃいます。

その一つは、先に挨拶をするのです。路上でこちらが、チョットお見かけしても、随分遠くから目ざとく見つけて、「おはようございます」の言霊が投げかけられる。面と面をつき合わせた近距離ではなくて、その間に他人を介しようが、「こんにちわ」の先制攻撃なのです。こうした方はもちろん、お話し上手で、いつでもどこでも中心人物。それもそのはず、明るく楽しく、人懐っこいから皆さんが寄ってくるのです。

逆に、いつまでもウジウジと過去の失敗やつまずきで立ち直りにくい方は、ああでもない、こうでもないと、そのワンパターンの原因にいつまでも固執してしまう。その原因でつまずいたのですから、もっていき方、タイミングを含めて、全てゼロにリセットすればいい。失敗に学んでリセットするというのは、常にプラス思考だからできるのです。リセットしにくければイメージで、人と人の縁の糸を「プッツン・プッツン・プッツン」と3回、指のハサミのジェスチャーと共に断ち切ってみてください。

世の中は、喜びがギッシリ詰まっていますから、それを掘り起こせばよいわけです。否定したり逃げ回っていますと、今隠れている真・善・美・快・遊が発見できません。

ヒトは、人と人の間の中で生きているから「人間」なのですが、その輪の中でいかに楽しむか、ここがポイントであって、気分転換とは、新たな楽しみを常にさがすことなのです。

仕事を「快なり」と思ってできれば最高ですね。でもその仕事をやっていて、楽しくないばかりか、おかしくなるのなら、別の仕事に変えること。本当にやりたい仕事を思い切ってすることです。

仕事上の軽い失敗はつき物。見栄からきたヤリ過ぎ、逆にいい加減さなどなど。自分の原因は速めに切り替える。「切り替え」と声を出して、さらに「出発進行」です。四国の再建王、造船王とも呼ばれた坪内寿夫《つぼうちひさお》は、所有していた巨大船が嵐で日本海に沈んだときに、並みいる青い顔の重役を前にカラカラと笑って、「これから新しい仕事ができる！」と言ったそうです。スケールが違いますね。

仕事上の小さなミスにくよくよと拘泥していては、周りに迷惑がかかってしまう。責任感が強いのはいいのですが、全体を成し遂げることの方がより大事。小さなところの個人責任なんぞは、貴方が思うほど誰も思いもしないのです。そう思っているのは、ご本人の「小さな心」だけ。

「天は常に自分に学ばせてくれている」という見切りが、何よりも大事なことです。

仕事でも学業でも、家庭内の何事でも、その中にしばしば見られるさまざまなトラブル、それは「自己成長の進化の糧」と見切ることが大切なのです。

失敗には、「おっと、ごめんなさーい」とあえて声高に明るい声で進んで言うこと。また、「すみませんでした」と明確に発音すること。さすれば「失敗の負の引きずり」は霧散してしまいます。逆に切り替えの悪い方は、そうした言霊を発しない方ばかり。

また、「切り替えの切り札をもつ」ことも大事ですね。リセットボタンを空間に大きくイメージして、ボタンを押す。これも効果的です。お仕事や全力で励んでいるそのときに、たまにはフッと頭をかえて、趣味や旅行にシフトすると、新たな閃きが入ります。それは純粋な神界次元からの贈り物で、目・耳・鼻・口・皮膚の五根で体がこわばっていると、閃きが入りません。日常でもこの言霊を発しましょう。

- 大地に向けて　いつも、エネルギーをありがとう
- 植物さんに　一緒に元気になろうね
- ちょっと不安なときに　だいじょうぶ、だいじょうぶ
- 道を歩くとき　うれしいな♪、たのしいな♪
- 時々思い出して　お陰さまで、ありがとう
- ときどき空に向かって　私を創ってくれて、感謝します

「頑張る」は、切れると怖い

うつ病の方に言ってはいけない言葉があります。それは「頑張ろう」のコトバ。

うつ病の初期症状は、まず不眠から始まります。そして朝、目を覚まして職場に行きたくない感情を抑えて、新聞を読む。でも頭が回らないから、どこを読んでも、目が字ヅラを追うだけで中味はまるで頭に入っていかない。

そして、ようやっと洋服に着替えても、外に出るのが怖い。人と会うのがイヤだというように、うつ病は進行して行きます。

こうした方に「頑張ってください」と言うと、ますます追い込んでしまう。頑張る気力がないのに、ガンバレのコトバは、その心に大きな負担をかけることになる。

解離性障害の方も同じで、ご本人は人様の中に、割り入って行く自信がない。こもりたい、見られたくないのですから、心に負担をかけるコトバはNGで、「キレイだね」、「すごい!」、「さあどうぞ」、「明るいねエ」、「いい所だ」という、優しい、受け入れと肯定の言霊が、心に少しづつプラスの状況を展開していく。

こうした方は、総じてみそ汁、醤油、漬物という発酵食品の不足が指摘されます。

また、血液をドロドロにして、それを脳に送りやすくする白砂糖、菓子パンなどはお勧めできません。玄米や、アワ・ヒエといった古来の五穀、根菜類が腹に力も入り、体を温め陽性にする。

さて、「頑張る」というと、一見、勤勉さや実直さに似て、善きことのように聞こえますが、時代の権力者にとっては、頑張る兵隊がいないと困ることになる。ですから「頑張る」ことが美徳という観念を、歴史は育ててきたのです。

頑張るとは、連接語であって、「我慢して頑張る」のですね。ですから「貴方我慢強いですよね〜」と言われたって、嬉しくないのが本音です。それは、貴方は我慢して頑張っているのよね、ということですから、まるで我慢ばかりして生きているみたいに聞こえるからです。「耐えてきたのね」と言われていることと同じですね。

頑張るぞ！　という「燃える心」ならまだよし。だがそれが苦痛になって耐えに耐えるになってはどうにもなりません。

日本人は、私さえ頑張れば！　というお母さん方も存外多いようです。だらしないお父さんに代わってのことでしょうが、その心が「耐え耐え」に荒んでは、元も子もありません。その心の無理、自分の甘えたい本音を騙すガンバリだと、細胞さんや内臓さんにも影響が及んでまいります。

頑張ってやっている仕事や資格試験の勉強ほど、その大きな目標が、自分の知らない力で突然切られたりすると、心の芯張り棒が折れてしまいます。「頑張り」の綱がプッツンと切れたら恐ろしい。

「我の張り」である「ガンバリ」ですから、無理してこれまで奥にしまい込んだ諸々の詰め物が、フタの綱が切れて、ガラガラと音を立てて崩れてくる。こうなると大変ですよ。あらゆる物が落ちて来る。玉突き現象のように、こちらが立たず、あちらが立たず、おまけに肉体もダウンする。

肉体は、少々寝込む程度ならいいのですが、場合によっては「癌張り」と書くように、そこは、「ガンの縄張り」にもなっている。

筑波大学の宗像恒次《むなかたつねつぐ》先生によりますと、「ガンにかかりやすいヒト」を一言《ひとこと》で言うと「いい人」だそうです。他人から見ていつも頑張っている方。ヘトヘトになっても働く自分。ですからあらかたの日本人の「頑張るスタイル」ですね。

「自分さえ頑張ればいいんだ……」と、ゆっくり休みたい本音の心を否定するから、余計苦しくなる。耐えて、頑張りすぎている自分を、率直に認めて、「ああ、結構無理しているなあ」と、まるで他人ごとのように、神の眼で自分の姿を認めてみてください。すると陰の自分の本質が見えてきて、深いところのネガティブな「負の要因」が発見されてくる。

頑張る深い大元が、自分の誤りを素直に認められずに、見栄に走って無理をする。無理の根拠が、貪欲な金銭欲であったり、地位・名誉・誉められたい自己保存欲が旺盛であったりしては、胸を張った目標の根拠が乏しいものです。

鏡の前で、ご自身に向かって、「肩の力を抜いてごらん、ささやかなことにこそ、本物の幸せが詰まっているよ」と囁いてみてください。

いつも笑顔でいると、不思議と小さな親切にたびたび遭遇するものです。逆に無理して耐えて頑張りのままだと、脇道を通る余裕がないから幸せのタネが発見できない。張り詰めているその心の様子を認めると、冷静に認めるという神の宇宙原理に晒《さら》されるから、その卑小な自分の「陰の心」に光があたる。

神の眼で認めているから、自分を見つめているもう一人の自分は、純正自己。そこで張り詰めている「頑張る無理な自分」が、徐々に「純正自己」に入れ替わるのです。

日常生活は、意識・無意識の心の想いが反映した主役自己の表舞台で、脚本・演出もある程度、自分です。それも言霊で、自分の意識を規定してしまいます。例えば「このままじゃいけない」と規定するか、「ささやかだけど、それもみんなのお陰だ」と規定するかは、本人に任されている。

・・・・・・・・・・・・・・・・・

今ある状況はすべて自己の心が創り出した現象で、それを「認める」ことによって本物の創作者、純正心というプロデューサーがその作品を直接批評することになる。「認める」というプロデューサーの眼は、「一切肯定」が評価基準であり、舞台全体の調和と役者の進化の目をもつ。ここから運命の好転現象が回転しはじめる。

お金がないと怖いという観念に取り込まれ、それで「耐えて頑張ろう」と自分に鞭打って、おまけに心まで四角四面になっていると角が立つ。また、固定観念に囚われて、実行しないまま、それは自分にはできないと、やりもしないのに初めから諦める。頑張りすぎたり、やらなすぎたり、小さな傷にイジイジとこだわっていては何のための人生か。ウキウキ、ワクワクする目的でこの世に生まれてきた自分が、そんなことでいいはずがありません。

こうしたドン詰まりにならない日常の心の置き所は、おおよそ次の4点です。

① 私は「神様といつも一本に繋がっている」ことへの認識と感謝
② 私は「周りを受け入れてこそ進化するのだ」という腹からの認識
③ 私の心は「拘《こだわ》らない、捉われない、片寄らない」言霊の発声
④ とてつもなく大きな目標もいいが「もっと小さな親切の毎日」を実行する。

こころの重心点を変えれば、今までの環境は様変わりするのです。

こまったら神様の心になればいい

七福神の中に福禄寿という神様がいます。その「福」とは幸福であって、「禄」とはお金のこと、さらに「寿」とは寿命のこと、長生きのことです。まあ、なんと三つが揃っているのですから、市民感情ではあやかりたいものです。ですが、神様の概念も、大宇宙の創造神レベルを想定しますと、その性質は次のように物的な感覚は消えうせていきます。

・命や魂を与えてくれた大元
・成長、進化をじっと見守ってくれている巨大な母なる大愛
・こちらの喜びや、感動や、充実や、感謝の波動に、生命エネルギーで返す大元
・西洋文明、東洋文明すべての神々を束ねた元一つの光貴なる存在
・全てを受け入れ、全てを認め、全てを許す命の本源
・無限なる大調和
・宇宙法則、物理公理を創り、人のために宇宙を創った大神霊
・純正、信念、希望、愛、勇気、創造、進化、調和の八光を宇宙に放出している
・ヒト、そのいのち、霊性、物質性を作り出した究極の存在

宇宙創造神を定義づけることなど到底できないのですが、直感という神の光に乗って湧いて来るのが以上のようなものです。

ヒトとはどうしても目で美醜を判断し、その外見に惑い、美に近づきやすく、醜いものからは遠ざかります。男女ともに、年をとっても美女とイケメンには少々弱く、化粧を落とした素顔をみてはたじろいだりもします。

人間、甘言《かんげん》には弱く、悪口にはムッとするもの。必要以上にバカヤローと言われれば、悲しくなるか、怒り出すかのどちらか。どうしてもお相手の心の中までは見えませんから、この物質三次元世界では、目、耳、鼻、舌、触感の五つの肉体センサーだけで、その良し悪しを判定してしまい勝ち。実に多くの失敗の繰り返しで、切磋琢磨して大きくなる。後から振り返って、そうした失敗が、人生劇場の肥やしになっていると気付くのです。失敗の体験が繰り返されて、失敗の共通項を繋げて、真理を知り、人の世の公理が見えてくる。

喜怒哀楽を伴うさまざまな失敗の中で、溺れそうになったときに、「神様助けてくれえ」ではなくて、「ありがとうございます」と同じ十音の、十神呪「アマテラスオホミカミ」の言霊を唱えるとよい。

土壇場での喘ぎに、「アマテラスオホミカミ」の言霊は、魂の源泉に浸透するのです。

図6

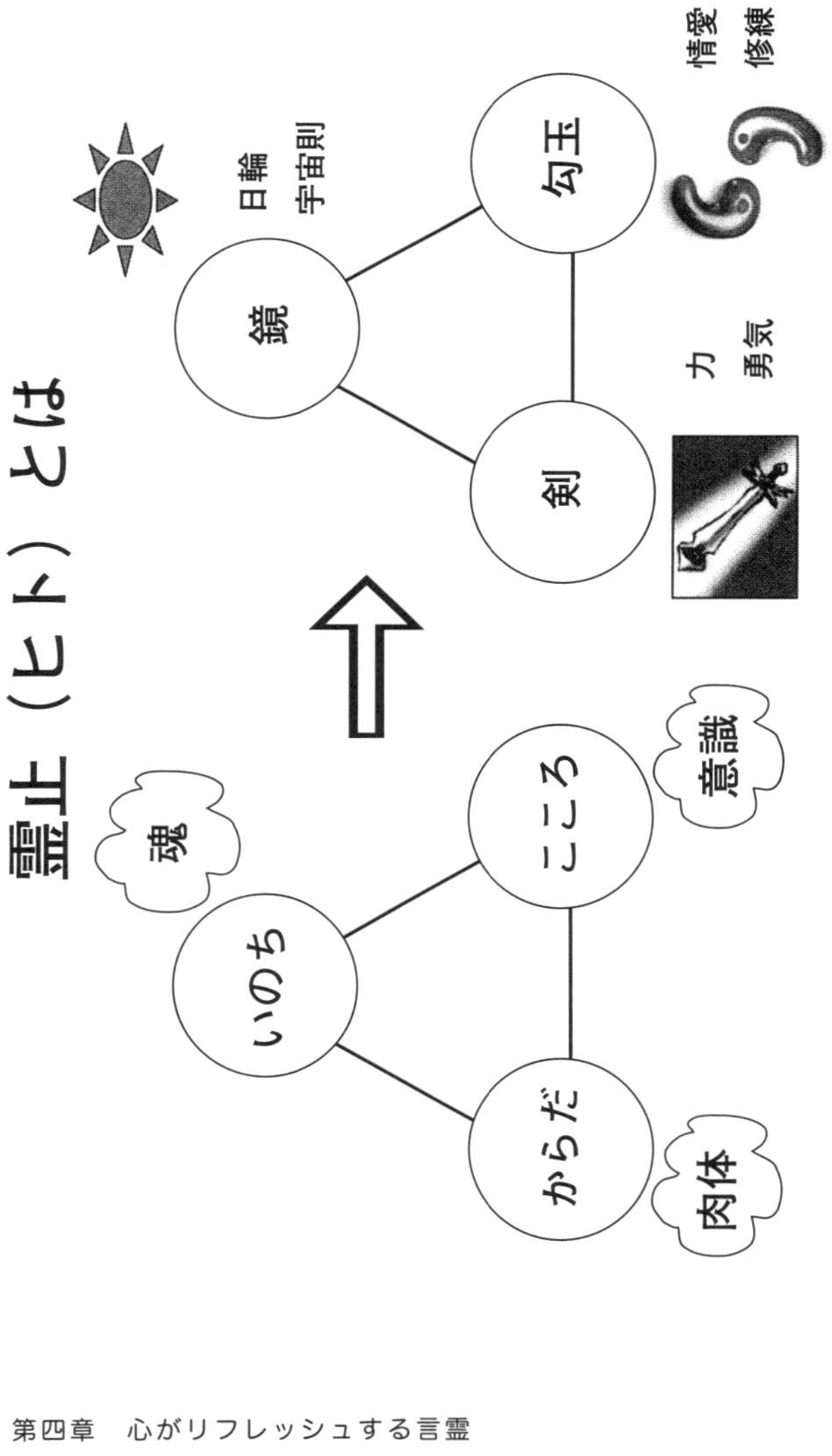
霊止（ヒト）とは
魂
いのち
こころ
意識
からだ
肉体
鏡
日輪
宇宙則
勾玉
情愛
修練
剣
力
勇気

困ったときの神頼みの典型ですが、ヒトが神の子であり、その悲痛な叫び「アマテラスオホミカミ」の緊急コールに親神は何とか応えようとするです。

図6をご覧下さい。

ヒトとは、「からだ」と「こころ」と「いのち」の三態からなります。「からだ」は、この現象界をダイナミックに動き回り、また、勇気をもって太刀捌《さば》くスサノオの剣と同じ振舞い。ヒトの体も頭から足まで描くと、なにげに「剣」に姿が似ています。「こころ」は、コロコロと変わりますが、それも磨けば光る。能動的な男性性の心と、受け身の女性性の心は同じカタチでも色合いが変わります。心は勾玉に模せられます。その二つの勾玉がドッキングすると、まるで陰陽極まった大極図のようです。

さて、いのちは人智を超えた宇宙からの賜りもの。大宇宙の法則を光で刻んだ鏡のようで、いのちは形で言えば、丸い宇宙の原型鏡のようです。この鏡に、いつもわが言動を照らすもの。このように、人をBODY（からだ）、MIND（こころ）、SPIRIT（いのち）と観れば、三種の神器が刻まれていることが分ります。

人生のこんなときに、「アマテラスオホミカミ」と緊急コールする前に、わが身に三種の神器があるのですから、困ったときにはそれを思い出して、本項冒頭の神様の心になってみてください。

ゆっくり、ゆらゆら、ゆるんで、ゆるす

小さいお子さんが、道端で転んだりしますと、お母さんがその子の前に座って、服の土埃《つちぼこり》を払って、「いたいのいたいの飛んでけー」とやってくれます。段々、一人立ちをさせるという意味でしょうか、小学校に入学する頃には、転んでもその子が起き上がるまで、母親はじっと待ったりしますね。やがて大人になりますと、もちろん転んでも、すぐに起き上がるものです。裾を払って、足早に現場から遠ざかって、目的とするところへ直行です。

大人社会は、スピードと合理性の社会ですから、立ち止まる余裕すらもありません。とりわけ物質至上主義ですと、なりふり構わずの売らんかな商魂、商品無駄つくり競争と地球資源乱獲競争。場合によっては産地偽装の食品販売から、消費期限切れの表示ラベルの偽装まで出る始末です。なんとも、金の亡者のあきれた行為ですが、人や警察に嘘はついても、天には嘘はつけません。嘘は必ず宇宙に刻まれます。

嘘は、内側の世界と、外側の世界にギャップを生じますから、生命力が沸いてこないのです。霊止（ひと）は、誰しも自分の心には嘘はつけません。神様の形質を持っているから、嘘がつけないのです。

嘘の商売をしておりますと、胸の張れない自己となりますから、清々しさを味わうことができません。お金と物に拘泥《こうでい》しますから、どんなに入ってきても満足することがなくて、いつも飢えるばかりで執着が募るのです。すると、金、物が入らなければ不安と怒りでこころは安らぐことがないのです。

さて、物質経済に翻弄される毎日ですと、何かの拍子でつまずき、転ぶこともあります。しかし、そこではゆっくりと時間をかけて立ち上がることです。昔、母親が、道で転んだ自分を手助けし、その裾《すそ》を払ってくれたこと、母の顔と周りをジックリ見つめていた自分を想い出して、同じことをしましょう。

周りを見つめないで走っていると、目の前に障害物があっても気付けません。自分が倒れ転んだら、そのまま環境を見つめなおすこと。一切に偶然はないのですから、倒れ転んだその原因に、自分の嘘や、虚飾や、配慮不足やさまざまな事柄に思いを馳せてみましょう。課題は心の浄化です。その言動にやましさがないかどうかです。

誠という字は、言霊が成ると書きます。また誠とは真言（まこと）ですから、その社会生活で、真言でなければ、信念も希薄で、信念が希薄ですと、それに裏打ちされる勇気もまた薄弱です。さすれば万事は確かなものと成らないのは宇宙の道理。

ゆえに転ばぬ先の杖も大事ですが、いったん転んだら、ゆっくり立ち上がりましょう。

仕事でも、お付き合いでも気の進まない実務もあるでしょう。いつも気を張り詰めていたり、損得計算で四角四面で、我《が》を張らずユラユラと天命に委ねてみてはいかがでしょう。天命という大きなボールに体を預け、うつぶせに乗って身を委ねてみると、やがてバランスが取れてくる。

体のそこかしこに力がたまっていると、旨く天命のボールには乗れません。力を抜いてゆらゆらと天に身を委ねると、自ずと自然調和が生まれてくる。

人間、やってはいけないことと、損をしてでもやらねばならないことがある。やってはいけないこととは、元より不善である。不善かどうかは心の真我が知っている。

ご家族や仲間に、少しでもいい善があれば、「やりましたねえ」、「おめでとう」、「いいですねえ」、「いいことです」の言霊を放ってみよう。その言霊がコダマになって自分に帰ってきます。

人間、緊張と弛緩が大事ですね。弛緩があるから、緊張が分ります。もちろん弛緩ばかりですと、緩みっぱなしで腰がすわらない。逆に緊張ばかりでは、ストレスがたまって体内の免疫力は低下してしまう。

ですが現代社会ですと、ギュウギュウ積めの通勤電車に乗り込むときから緊張しはじめて、会社に着く前から商品クレームに気を揉んで、エレベターに乗り込むときには上司の顔色が気になったりする。

そんな緊張ですと、いい仕事は決してできません。仕事中でも、たまには緩んでみてください。ストレッチ体操、コーヒーブレイクも体の休息ですが、緊張のときには、「それっていいんじゃない！」、「チャンス到来！」。この前向きの言霊を発することで、肩の力を抜いてみましょう。肩の力を抜かないと、顔が突っ張って、温和なお顔にはならず、福は逃げて行きます。

肉体は、緊張と弛緩の相互のくりかえしで、免疫系も高い健全状態が維持されて、逆に運動も、仕事も何もしないと免疫は低下し、ふにゃふにゃのひ弱な人間となってしまいます。ですから、「無理せず・楽せず」が程よいということになりましょう。

部下の的外れな報告書、家に帰れば妻のトゲあるコトバ。いろいろな負の環境がありましょう。ですがそれらを、許さなかったらどうなりますでしょう。負のお荷物をいっぱい背負い込んで執着を作ったら、楽しむべきことが入れません。やり方のミスは改善するとしても、その行為が許せなかったら、ずっと、心の引きずり苦労そのもの。

「愚痴」、「怒り」、「悲しみ」、「不平不満」、これらを心に詰め込んでいることは、神性自己の放棄です。せかせかイライラ禁物で、「ゆっくり・ゆらゆら・ゆるんで・ゆるす」この言霊を覚えてくださいね。一切を許せたら、本物の神様になります。

切り札をもとう

「そうだ　京都、行こう！」ＪＲ東海のキャッチフレーズです。その言霊で心切り替わって、旅情が漂ってまいりますね。

得てして、過負荷になりがちの日本人。そんな日本人にはそれなりの「癒しの方法」があるのです。それは四季の自然に触れて、大自然からエネルギーをいただくことです。

女性には旅行が大人気で、男性にも旅行に加えて屋外スポーツが人気のようです。どちらもお仕事とはまるで関係のない分野です。とりわけ旅行は「純正」に触れたくなる魂の基本的な衝動ではないでしょうか。世俗の垢《あか》といいますか、その仕事で積もり積もった垢落しと、心の充電が「切り札」の中味。

国内旅行も海外旅行も、そこそこにお金がかかりますが、なければ、ご近所の神社に行って、大樹に抱きついて、両手と耳を当ててそのいのちの鼓動を聴き、エネルギーをいただきましょう。

大樹は数百年、数千年、空気（ア）・水（オ）・ミネラル（ウ）・光（エ）・土（イ）という「純粋な生命のエッセンス」を身に宿しているから、そのお下がりをいただきましょう。

或いは大好きな趣味を活かし、楽しい自分の時間をもちましょう。それに没頭すると、全てを忘れるというような、自分なりのテーマを見つけましょう。

ストレスは自分が作ったのですから、お医者さんでなくて本来、自分でしか魂に響く軌道修正はできません。ですから「ストレスとさようなら」は、これまでの心の重心点を変えることが最良の処方箋。

重心点をかえる、誰しもが簡単にできる方法、それは「こころから楽しめる自分」に帰ることです。旅行、カラオケ、神社参り、マラソン、仲間内との会食、ダンス、水泳、料理、庭いじり……できれば体が動いて楽しめる「自分なりの切り札」がいい。

次の処方箋は、言霊シャワーという方法です。

それは気のおけるお友達、5～6人くらいでやるゲーム感覚の方法。お一人の方を真ん中にして、他の方はその方を取り囲むように座ってみてください。いわゆる車座という格好です。

そして皆さんがそれぞれ、真ん中に座ったその方に向かって、素晴しい点、素晴しい性格をおよそ、1分間全員一斉に言い続けます。言霊をいただく方と同じ目線で、手はその方に軽く触れたほうが、繋がりがあり安心できて言霊シャワーをいただけます。例えば、ひろみさんが中心ですと、次のようになります。

「ひろみさん、ありがとうございます」、「ひろみさん、素敵なお洋服ですね」、「ひろみさん、貴方はいつでもあったかい」、「ひろみさん、君は最高です！」、「ひろみさん、なんて美人でしょう」、「ひろみさん、君の料理は美味しかった」、「ひろみさん、素直だな」、「ひろみさん、ハリ・ツヤがあるよねえ」、「ひろみさん、健康でいつもお元気」などなど。

それを周りの方が、それぞれ独自視点の言霊で集中シャワーするのです。最初は恥ずかしいかもしれませんが、ほめて怒り出す人はまずおりません。

この言霊シャワーの場がもちにくい方は、そうした言霊を日常、仕事やご家庭、周りの方に発してみてください。言霊は山に響くコダマとおなじで、その言霊と同じ現象が、繰り返し繰り返しご自分に返ってくるのです。

メジャーリーグのマリナーズで活躍しているイチロー選手は、小学校の低学年から、自分の将来像「超一流のプロ野球選手」という姿を文字で克明に記録して、いつも持ち歩いていたと聞きます。

また私の尊敬する知人で、比較的高い社会的地位にいらっしゃる方々は、そのほとんどが、ご自身の座右の銘、つまり心情や切り札を額にして、目に付くところに飾ったり、パウチカードにして持ち歩いておられます。

つまり、いつもご自分の座右に置く文言を、つまずき直前の「リフレッシュ文言」として懐《ふところ》に準備されているのです。

常に今を生き生きと、感謝して楽しんで生きるように日常からお膳立てをしているのです。前向きな意識、プラスの言霊でいつもいて、何があっても否定と分離のマイナス感情を起こさせない。

プラスの心でいるか、マイナスの心でいるか、その心の基質がどちら側にあるかで、動機—行為—結果の道筋は１８０度違います。

寒空の営業外出でも、愚痴を言ったり、内緒で仕事を放り出して喫茶店で暖をとる方もいる。一方で、「こうした経験もなかなかできないよ」と、鼻歌混じりの気合で、客先に笑顔で訪問する。この心のあり方によって、状況は様変わりする。

常に今を肯定すれば、現象は、その肯定の言霊通りに転じ、否定の意識はマイナスの現象を目の前に展開する。

「生き生き」はつらつ、なんてったって細胞さんが喜ぶ。
「生き生き」ありがとう、暗いムードは一変する。
「生き生き」笑顔、幸福が飛び込んでくる。
「生き生き」が連続するとき、地球が変わる。
「生き生き」と、感謝しながら宇宙のリズムと共鳴しよう。
「生き生き」と意識が変われば世界が変わる。

第五章　生きがいの見つけ方と言霊

たけのこ　：　鈴木　俊輔　作

松竹梅、昔から慶事の象徴ですが、最近はこれらの炭が有用とか？

松葉は古来より薬効ある不老の薬で、松の実は体を温め、気を補い、肌を潤し、脳を活性化する。

梅も解毒殺菌作用が知られてますね。梅肉エキスなどは食毒・水毒・血毒の三毒を絶つといわれます。

竹も熊笹エキスなど、その薬効は知られてます。殺菌防腐作用があるので笹蒲鉾、笹寿司、ちまき、笹ヨウカンなどに昔から使われてます。

松竹梅、その波動も清々しいです。

神性自己の発見

リーマンショック以来の金融危機、景気後退と雇用不安に揺れ動く経済界です。一方、政権も一年と長続きしない交代劇、そして党派、派閥の思惑に渦巻く永田町です。目で見えるこの世の物質現象世界は、落ち着きがなく利益優先の社会で、一人勝ちワレ勝ちが闊歩する「外なる社会」が、落ち着いた生活と融合することは、なかなか適いません。

第3代アメリカ合衆国大統領トマス・ジェファーソンは、アメリカ独立宣言（1776年）の立役者で、「自由と平等のアメリカ社会」を標榜して、今日の強いアメリカを誘導してきました。でも当時の彼の屋敷内には、およそ300人の黒人奴隷がいたことはあまり報道されていません。

口触りのいい「自由と平等」が、戦後日本に輸入されて半世紀以上たちます。しかし表層だけの「自由と平等」のコトバだけが飛び交って、戦後の学校教育の場では、かつての長幼の序列や、上級生が下級生の世話をする姿は消え失せて、イジメは蔓延し、道徳よりも知識の詰め込みが優先されてきました。

自由とは、他国による隷属からの解放という意味が、「好き勝手」に変化してしまいました。平等が、勤勉に働く者と、そうでない者との金銭差が無い平等要求に変化しました。

「自由と平等」の思想は今や、次のように世相を塗り替えたようです。

・自由で平等　イジメの学校
・自由で平等　ゲーセン遊び
・自由で平等　奪う愛
・自由で平等　いいたい放題
・自由で平等　裏で政界銭勘定
・自由で平等　偽装で安売り貢献
・自由で平等　すがりとたかり

「俺が一番！」と口先だけ突っ張りながら、それでいて「認めてくれよおいらを！」と虚ろな眼差しでネオン街をさまよい歩く若者たち。

資本主義の崩壊現象、食糧不安とエネルギー危機、老人大国と年金不安の渦中に揉まれる中高年層も数多い。

明治時代は電脳ゲームも無く、豪華なフランス料理も無く、それでいてわずか4000万人の日本人が自然に感謝し、胸を張って元気に活躍して生きていた。

現代、食糧不安とは言うものの、生産食材の三分の一が消費の段階で、生ゴミとして捨てられています。また捨てられた生ゴミ処分のために、輸入した石油資源を燃やして、焼却のエネルギーにつぎ込む無駄な連鎖が、今の食糧消費の実態です。

何のことはない、食糧危機とはいえ、今から大切に食糧を扱えばいい。江戸時代の日本は、し尿を熟成させて大地に還元していた、世界で唯一の資源完全リサイクル国家でした。大地のミネラルバランスを維持し、除草剤も除虫剤も使わなかった。今の時代、一日一食でも死ぬことはないのです。1億3千万人の日本人の朝食を切り詰めると、その費用で世界中から文盲がなくなる。アメリカもそれを真似をすれば、世界中から飢餓による死者が出なくなる。

エネルギー不安で、燃料代が高騰すれば、マイカーをやめて歩けばいいし、電車通勤のほうが移動総合エネルギーは安く済む。ゲームセンターとネットカフェがなくとも生活はできる。生活コストを切り詰めて、死ぬ気で働けばよい。

1億3000万人が、少子化で1億人になったところで、年金資源がどうなるものでもありません。その分、人の口に入る食糧は少なくて済むし、衣食住を含め移動ほか、生活の全消費エネルギーは軽減できる。省エネ対策ではなく、本質的に小エネ国家に徹すれば、本物の生きた自然の喜びが取り戻せるかもしれない。

今のこの時代、日本全体が軽挙妄動《けいきょもうどう》といおうか、心のゆとりと逞《たくま》しさが、まるでみられない。それでいて、時間さえあれば芸能娯楽と衣食の贅沢にどっぷり浸かる日本人。今この時代、「心の強さ」をしっかり持たないと、祖先に申し訳が立ちません。

経済界、政治の舞台も、教育の現場も、ご家庭の末まで、いかなる社会経済状況であろうとも、右往左往、動転しないで「ヤマト心の強さ」をもちたいものです。

「ヤマト心の強さ」をもつためには、どうすればいいでしょうか？　それは、一人ひとりが心の奥に「信念」をもつこと。

「信念」とは、魂の奥底にある、ゆらぎない純正、美しさ、いつまでも変わることの無い主張です。それは静かに神聖ＤＮＡとリンクする魂に尋ねるしかあるまい。だが、尋ねれば、必ず教えてくれるのです。

信念とは、魂という神性自己からの「言霊」なのです。

この現象社会すべてに、「ありがとうございます」を連呼してみましょう。

魂からの言霊である「信念」をもち、「こころの強さ」を鍛え、そして「ありがとうございます」の放出で、自分を取り巻く環境は必ず変わるのです。

楽しんで仕事する

最近、小学校に通う子どもたちは、道々での通りがかりの方とのご挨拶、「おはようございます」を交わすことがほとんどありません。

よく聞きますと、足利事件もその例でしたか、通学幼稚園児や小学児童の誘拐殺人事件から、「見知らぬ人から声をかけられたら、逃げろ！」というのが学校方針で、小学生には、防犯ブザーを持たせている小学校も多い。

私が小学生の頃は、通学路上で植え込みの垣根に水をかけているオジサンに「おはようございます」、そして小学校前の商店のガラス戸を雑巾がけしているオバサンに「おはようございます」と声をかけておりました。もちろん一年生の頃は、おどおどと小声ですが、先方から声をかけられると、段々と返事をするのに慣れてきて、二年生にもなると大きな声で、「おはようございます」のかけ合いになる。

この、ご挨拶の掛け合いが、やがてヒトの心と心の触れ合いになってきて、言霊の交わし合いから、信頼の絆が生まれてくる。子ども達の信頼の原点は、この挨拶の交わし合いだったのです。それが現代、「他人から声をかけられたら逃げろ！」となりますから、さて「信頼」という心の醸成は成し難い昨今となりました。

心の信頼が生まれにくいものですから、イジメという陰湿な方向にも走ってしまうのでしょう。でもイジメより楽しいことがあることを、学校の先生も、もっと教えてあげたらいかがでしょう。歌留多とりのゲームでもよし、スポーツでもよし、学校での作物造りでもよし、知育よりも徳育が基礎教育の原点ではないでしょうか。

さて大人も、しっかりと「おはようございます」の挨拶ができていますでしょうか。きちんとした挨拶、言霊ができていない社員は、背筋が曲がって口ごもっている。また集中力、胆力が希薄で、相手の世界に入っていきにくいから友達も少ない。人生は友達づくり、人づくりともいえて、どれだけのいい友達がいるかで、その人の豊かさが決まってきます。

きちんとした挨拶と受け応えでないと、職場で十分な信頼関係が築けません。挨拶一つとはいうものの、そこが「心の発露」なのです。挨拶から数多くの会話へ、会話から人望へは、必然の道です。そうなれば、仕事がますます面白くなってまいります。

人生を快なるものにするには、第一に「仕事を楽しむこと」です。第二に素晴しいパートナーをもち愛し合うことです。第三に素晴しい友人をたくさんもち、喜び合うことです。もちろん健康で、「笑顔と笑いの毎日」を過ごすことです。

では、会社が期待する人物像を描いてみましょう。

第一に自分の意思、目標をしっかりもって、周りに影響力を与える人物。それは当然、明るい声で挨拶し、明朗快活の話でヒトを引き寄せる。背がピンと伸びて、服装も清潔で腹から声が出る。顔色も良く、見るからに元気で明るい人材。知識ではなくヒトの心を大事にする。だからお客様にも信頼される。

第二に誠実であること。「真言（まこと）」が「真事（まこと）」を呼ぶから、話に裏表がない。陰でヒトの悪口を言わない。陰で悪口を言えば悪口を言われるのは鏡の法則だから、ほめて認めて感謝する毎日は自分に返る。誠なく嘘をつく人間だと、心の内側と、外側世界にギャップをつくり、生命エネルギーが湧いてきません。ですから、やがて病ともなっていきます。

第三に健康で強い男性、健康でやさしい女性。男性は健康で強くないと、会社も家庭も相手にしない。女性は健康で優しくないと、会社も家庭も男性からも嫌われます。そして男女とも知恵を引けらかさず、喜びと楽しさを振りまく人物。だから、人が自然と寄ってきます。

「仕事を快にして楽しむべし」それには明るい言霊、明朗快活な挨拶、楽しい話題、誠実で健康で、何はともあれ「仕事を楽しむ」という呪文を掛けてみてください。

人生100点を求めない

大恋愛の末結婚した男女も、光輝高齢者時代を迎えますと、お互いに空気のようで、無くてはならない大事なパートナーですが、いつでも居て、それでいて見えない位に邪魔にならない存在となるようです。

結婚したては、旦那さんは妻の顔を見に早く家に帰りたくて仕方がない。奥さんは、あれこれと夫の健康に、そしてもっと喜ばれようと衣食住に気を使う時期です。

その時期も過ぎると段々、男の言い分・女の言い分が出てまいります。料理のお味も、それぞれ20年くらい味覚の違う実家の環境に居たのですから当たり前のこと。旅行にしても、趣味にしても、ご夫婦の個性、男女差があるのですから、旅先の思惑違いや、お休みの優先事項は、映画が先か、買い物が先か、テニスが先か、読書が先か当然違います。

また男性も会社の出掛けに、奥さんに新聞ニュースの政局の話をして、トンチンカンな答えが返ってくると、「そんなことも知らないのか」とつぶやいたりもする。出掛けに妻に言った、威張り散らすその心の中には、仕事仲間や上司に期待する「偉く想われたい自分」があるからなのです。

街で見かけるお兄ちゃんたちも、「人から軽く見られたくない心」がギッシリ詰まっている。夫婦でも新婚から数年経つと、遠慮の想いがほどけて、段々と我が出てまいります。

やがて、子どもができると、夫婦間の個人の譲らない趣味、という男女別体存在から、育てるという共同作業にかかります。

夫婦はお互いの想いを共有し、もちろん反目もありますが、共同して子を育てるという目標は同じ。また子供という反面教師から、「そんなことをしては、ダメよね」と、子どもにも、またそう言った自分にも心からの言霊を投げかけるもの。

壮年時代には、退職を迎える男性には、「自分は本当に会社と社会に育てられてきました」と、しみじみとした思いもふつと沸いてくる。またそれが、家庭にも妻にもあったことに気付いてくる。永きに渡った生活を振り返れば、毎朝健康に自分を送り出してくれた妻への感謝の念も、自然と沸き出てくるものです。

奥様も、旦那さんの頑張りで家計が支えられ、子どもも一人前になってきて、旦那さんの退職の日には、「お父さん、本当にご苦労さまでした」と、心から慰労の言霊を投げかけるもの。

若い頃の意地の張り合いで通ってきたものの、それが何の建設的な意味も無く、ただ心に負担を残すのみで、快も無く、美も無く、真も無い。

結婚後のまだ若い女性達から、100%の夫像を求めれば、韓流スターの美貌と、皇室の品位と、アラブ王の経済力と、亡くなったおじいちゃんレベルの優しさを兼ね備えていなければなりません。それが叶わずにヤケ食いすれば三段腹は必然となり、ヤケ買いすれば、家計のやりくりに困るのはご自身。

もちろん殿方も、100点満点の女房を求めるのは、これ完全にエゴというもの。ともに80点の相手を求めるのは、まだ人に指図する「わがまま人生」というもの。お互い60点主義で十分なのです。

夫婦とは、前世からの因縁をもつ存在です。お互い相手は合わせ鏡なのです。

男と女は、初めから中心軸が違う二つの円。その中心軸が違う円を、無理やり同心円にしようとするところに間違いがある。二つの円が離れていては問題ですが、50%もかぶさっていれば十分です。

相手は変えられないが、自分を変えることはできる。
・・・・・・・・・・・・・・・・・・・・
日本人は、夫婦間で「愛しているよ」とは、なかなか言いにくい文化があります。それは、いちいち確かめなくても空気で分っている。だが「ありがとう」の言霊、パートナーへの感謝の言霊は、毎日出してみようではありませんか。

神唯（かんながら）で暮らそう

日本の山々には、どんなに小さなお山でも、神社や祠《ほこら》がある。外国では見られない風景です。

山ノ神、風の神、森の神、海の神、その大自然の草木一本一本すべてに神宿り、ヤマトビトは大自然に神性を見出していたのです。ですから、田の収穫あればそれを神に祭り、海に収穫あれば神に感謝を捧げておりました。こうした神への素朴な感謝の祭りが、村祭りやさまざまなご神事やお神楽、舞踊などの地方芸能に変化してまいりました。

現代では、お正月のお年玉でも、いただいた子ども達は「ありがとうございます」というものの、祝儀袋に向かってのコトバで、差し上げた方の心への感謝の言霊ではないようです。

村落や漁村の収穫も、金額換算で露骨に哀楽を味わい、年間収入で「農家の幸せ度」をはかり、収穫への神への感謝は形骸化してまいりました。もちろん、都会のほうが、「金で人の心は買える」と嘯《うそぶ》く、旧ライ〇ドアの社長のように、目には見えない神への感謝などまるでない。一時はメディアもその社長を時代の寵児ともてはやし、TV

出演は引っ張りだこで、政治家も彼を選挙に担ぎ出しましたね。

私たちの生きがいとはなにかと問えば、一言でいうと、「心の充実をもたらすもの」といえます。「充実」、それは嘘偽りのない魂の脈動です。真我が光り出す事柄なのです。

仮にお金がたくさんあり余っても、奥様が病死寸前で目の前にいたとしたらいかがでしょうか？　決して充実や、心のゆとりはありません。

身内に、病で伏している人が一人もいなくても、最愛の息子が暴走族のメンバーで、周囲に危害を加えて警察のご厄介になったらいかがでしょうか？。身内に病人が無くて、警察に厄介者も無くても、毎日ヘトヘトになるまで疲れ果てて帰ってきて、家族との会話も全く無ければいかがでしょう。

こう考えてみると、「充実という幸せ」一つをとってみても、それは決してお金だけでなく、心の震え、真我の震えであるのですから、「見えない生命の躍動」であるということに気づいてまいります。

充実感それは、仕事の達成感、芸術作品の完成、新しい生命の誕生、自分の母親が感動・感謝で喜び溢れる姿を目《ま》の当たりにした時などなどでありましょう。

してみれば、「本当に自分がやりたい仕事」を思いきって進めることが第一なのです。一大転身、そう決意しても、貴方が心配するほど、ご家族は迷惑とは思っていないものです。

また、貴方が支援する方や団体を、思いっきり応援して、その目標を遂げさせてはいかがでしょう。ですが過度善といって、いわゆる「おせっかい屋」であっては困りものです。ほめられたいことや名声が先行しての過度善は、自己保存の何ものでもありません。

自分の子ども達の成長や、彼らが目標一途に奮闘している姿を見るのも、こちらの心が躍動いたします。単に自由奔放ではなくて、親が教えた節度が親からの口移しのように、身をもってお友達や年下に行なっている姿をとらえたときなどは、大変嬉しいものです。

つまり、私たちの心が、神様の心のように人を愛し、節度をもった事業や生活をしていくと、そこには感動と充実が必ず待っているというもの。

神道の祝詞に「神唯　霊血栄ませ（かんながらたまちはえませ）」という言霊があります。神様の心のように自分の御霊《みたま》を誘導して下さいという意味です。霊血《たまち》とは、神の霊系という意味であり、魂と同義です。神の心とは、直霊《なおひ》といって、その見えない直系のパイプが自分の魂の中心座に繋がっている。その中心座を直霊といいます。

またその直霊のままに生きる姿、全てを見通す光輝体の姿を「真我」といいます。「神唯　霊血栄ませ」は、毎日の言霊による真我の確認作業なのです。

生きがいの素材はごろごろ

桜のように人の背丈より高いところに咲く花は、人を見下ろして「さあ、こっちをごらん」と問い掛けて、アジサイのように人の目線に咲く花は、「やあ、こんにちは」と正面を向いて話し掛け、蓮華草《れんげそう》のように足元に咲く花は、上を向いて「やっと貴方と会えました」と語りかけてくれる。

花というのはその美しさ、可憐さを人の背丈目線に合わせて語りかけてくれます。「美」とはヒトの意識内容（心）の尺度ですが、自然に映ずるものは何故かヒトの大きさと歩幅に合わせて、姿を見せて、花は花なりの優しさを、山は山なりの雄大さを感じさせてくれる。それぞれに特徴「固有のやすらぎ波動」を放ち、ヒトに安らぎを与え、ヒトにあるべき姿を教えてくれるようです。

旅行にしても、心の充電のために行くのですが、こちらがなんでも素直に受け入れる「素直さ」が旅心にあると、いたる所に新たな発見があるもの。

道端の蓮華草でさえ、曇りの日には萎《しぼ》んでいても、太陽の光を浴びると再び赤紫の花を誇らしげに広げます。そんな路傍の蓮華草をみて、「わお、いのちってすごいなあ」と思わず口にでる。「心のゆとり」があれば、感動のタネはどこにでも転がっている。

こちら側の心が「素直」であって、「受け入れる心」があって、「生命を尊ぶ心」があれば、生きがいの素材はどこにでもあるのです。

逆に、そうした心がない「金・モノ思考」ですと、全ての物差しが、お金の禄高、モノの価値、手に入れたモノの量が基準ですから、それが生きがいになる。それも決して悪いことではないのですが、かわいそうな人生になるのは道理。カネ・モノしか人生の生きがいの基準がないのですから、それが得られないと悩み苦しみ執着が募ります。

せっかくなら、いたるところに楽しみを覚えて、この世に生まれてきた目的、「生き生きと生きる」、「存分に楽しんで生きる」を、大いに発揮すべしです。それが病をつくらず心を快活にするのですから、生きがいの物差しを、「カネ・モノ」尺度だけに絞っていては宇宙の喜びの享受という点で大損です。

「素直」とは、誰しもがもつ「ス神（主神、天御中主大神の統合調和力）」の心です。

どんな極悪人でも、お母さんのお腹から生まれてきました。可愛い赤ちゃんの時期を誰もがもっています。

「受け入れる心」は、この世に存在することの大前提で、逆に「受け入れない」ということは、オールシャットアウトですから自己限定になります。他人も否定し、現象も否定するのですから、行き場がなくなるということになります。

「生命を尊ぶ心」とは、共に生きる心であって、夫婦、家族、友人、仕事仲間と一緒に楽しくやることです。大きく解釈すると、花の命も尊び、山地水明すべてのいのちと仲良くするということです。

ですから、「素直」、「受け入れる」、「生命を尊ぶ心」、この三要素はヒトなら誰しもがもつ基本要件です。従って、カネ・モノだけが、生きがいの尺度でなく、お花、お茶、柔道、剣道、サッカー、野球のスポーツの類から、落語漫才、謡曲、庭いじり、旅行に音楽、書画などなど、ありとあらゆる生きがいの物差しが存在します。

生きがいは教育、料理、政治、おまけに今の仕事にまで及ぶことが分ります。これらの生きがいの基本は、「素直」、「受け入れる心」、「生命を尊ぶ心」以外にも、もちろんありますが、この言霊を腹に刻み付けられることをお勧めします。

日本は世界に先駆けて、高齢化社会を迎えます。先に政治家は、「後期高齢者」と実に即物的な呼称を命名しました。私は本書では、あえて「光輝高齢者」と称しております。また「前期高齢者」は、「善喜高齢者」と呼んでおります。

日本高齢化社会の幕開けは、「神仕組み」のような気がしてなりません。

技術立国日本を支えた、勤勉な性格で、世界一の高度な技術力をもち、なおかつバブル経済という実態のないマネーゲームで踊らされたモノ・金のわびしさを知り尽くした戦後の団塊の世代が、高齢期を迎えます。

つまり、勤勉性という実直さ、高度な技術力という実体社会での貢献性をもち、それでいて、基本はモノ・金でなく心だということを断言できるのが、日本の高齢者。

地球の石油資源がピークを過ぎ、これからは右肩下がりのエネルギー事情となり、環境問題をはじめとして地球は持続不可能な極めて危機的な状況に突き進んでいることは周知の通りです。世界が最悪のブレイクダウンへと進むか、転身へと向かうか、そこに日本老智者のモノ・金に踊らされない心、神心をベースに、巧みな新技術による世界貢献が予見されるのです。

ここが、日本が世界に先駆けて高齢化社会を迎える真相なのです。老人の生きがいは、子や孫の真なる魂の成長と、世界貢献です。そしてなおかつ老智者自体の終局の悟り、真我の開発であり、チャクラ開発がその土俵なのです。日本の行く末は、「共生地球に責任をもつ」ことであり、さらには「新しい宇宙を創造する」ことなのです。

この生きがいの終局の達成は、「地球大調和」、「宇宙大和楽」の言霊が無くてはならないのです。

誰でもが選ばれた宇宙御子

2010年5月、朝日新聞によるとこの一年間の自殺者は32800人あまり、実に悲惨なことです。

どんなご事情か分りませんが、神様から与えられた命、そしてご両親の幼少からの愛の育みの結晶を、ただ消滅させてしまうことの罪は深い。あの世に行っても、自己否定ですから、繰り返し繰り返しの自殺を再演してしまいます。つまり永遠地獄なのです。

モノ・金の不足でしょうか？ 愛の不足でしょうか？ どんな物差しで生きてきたのでしょうか？ この大宇宙に、自分が何故存在するのか、その不思議さを一瞬でも考えたことがなかったのでしょうか？

どんなに無能呼ばわりされようが、どんなに親から見捨てられようが、どんなに社会から爪弾きにされようが、貴方の存在は宇宙にとってかけがえのない存在なのです。大宇宙には、必要でないものなど何一つありません。必要であるからこそ、この大宇宙に存在しているのです。

死ぬほどの元気があるのなら、死ぬ気になって働いてみたり、死ぬ気になって人を愛することもできるはずです。

また自殺まではいかなくても、引きこもりやイジメ、毎日の巷の犯罪はご承知の通りです。

読売新聞の寸評に、子供を非行化させるコツというのがありました。

① 幼いときから子供を放りっぱなしにせよ
② 欲しい物は何でも買い与えよ
③ 間違いや失敗は、理由を問わず叱りつけよ
④ どこで何をしていようが気には留めるな
⑤ よその子や兄弟と比較して、お前は馬鹿だ、よそを見習えと連呼せよ
⑥ 忙しいのに、食卓の団欒は無駄と思え
⑦ 善いこと、努力しても褒めることをするな

⑧　子供の前で夫婦の意見を一致させてはならない
⑨　お金こそ人生のすべてと身をもって教えよ
⑩　子供の前で常に法律・学校・警察の悪口を言い、社会への敵意を植えつけよ

親の子どもに対する態度がこれですと、さもありなんと思います。

精神の奇形は、正しい真なる言霊、美しい言霊、善なるワクワクする言霊を使ってこなかった結果です。前の10項目に「真・善・美」の言霊をどこに発見できますでしょうか？

親も子も、誰しもが、『自分、その貴重な存在に気付いたとき地球が変わる』のです。その尊い自分なのですが、自分を考える前に、まず自分が立つ大地や、この地球を考えてみましょう。

地球は、365・2422日で太陽系を一巡りします。その太陽系の大きさを一円玉に例えると、2000億個の星の集団、天の川銀河の大きさは、日本列島くらいの大きさとなるのです。途方も無く巨大な大きさですね。大宇宙には、その銀河がなんと2億を超えてあるというのです。

私たちの太陽系は2万5900年をかけて銀河を周回する。現在は1万3千年前に

銀河の中心付近を通過したときと同じように、再びその中心を通過しつつあるという。その中心通過時には、まだつまびらかにはされていませんが、光の絶対速度の変化やヒトDNAの構造にも影響があるとも言われています。また一部には、太陽系全体のアセンション（次元上昇）、もちろん我々人類の霊的進化の時空間に入ったとも聞きおよびます。

限りなく小さな自己に対して、宇宙は途方も無く大きい。しかしその小さな小さな自己であっても、私たちヒトは、この宇宙に明らかに存在しているのです。自己とは本来「虚無」であっても差し支えないはずで、無限大分の1（1／∞ → 0）、つまり限りなくゼロに近いのですが、そこに確かに存在する自己は超奇跡であります。正しく「在り難い」ことなのですね。

本来無くてもいいはずの自分が、大宇宙に存在するということは、宇宙的な意味があるのであって、意味が無ければはじめから自分という存在は無いのです。

ここに気が付いて、『一人ひとりが、特別な存在であると気づいたとき、世界が動き出す』のです。これが最も言いたいことの一つです。

67億人の地球人類が、皆特別な意味があって、この地球に生まれついたのです。どんな境遇のものも、その存在の価値がみな等しくあるということです。平たく言えば一国の総理であっても、アフリカの困窮する一難民であっても、その宇宙存在という価値は、もとより同等なのです。

その地球も程よい大きさと、質量と回転速度をもっていますから、海も大気も、もちろん人間も、宇宙空間に放り出されることはありません。

もし地球が今より小さかったら、太陽系の軌道を外れて宇宙の藻屑と消えてしまったかもしれません。

またビックバンの爆発速度が一億分の一速くても、また一億分の一遅くても、今の宇宙は無いといいます。その大宇宙から生まれた地球。その地球も、人間に何も要求していません。

それでも生命に必要な、光も、空気も、水も、ただで人類に与えてくれています。誰も地球から請求書をもらってはおりません。それでいて、大地や海は人類の生存に必要な食糧も自然に与えてくれるのです。

なんという恵みでありましょう。なんという宇宙全体からの計らいでありましょう。この地球に、この宇宙に、ご自身の細胞を含めて、もともと自分のものなど何もないのです。衣服も食材も、あらゆる資源は地球からいただいているのです。

平気で給料もマイホームも衣服も自分のものといってはいますが、すべていただきモノなのです。だからあらゆる場面で、「いただきます」、「ありがとうございます」なのです。

人間とは、大宇宙という無限大の中の一存在。ですから数学的には無限大分の一、つまりゼロとなるのですが、現に今ここにこうして存在している。なんという超奇跡でしょうか。

自分とは、そんな貴重な、宇宙御子なのですね。宇宙の意志で、今ココに存在しているのです。つまり私たちは大宇宙創造神の意志で誕生した、子神なのです。

くどいようですが、「われ神なり、その貴重な存在に気付いたとき地球が変わる」のです。「われ神なり」、「われ神なり」の言霊を、日常句としてはっきりと発声してみましょう。

第六章　病とおさらばの言霊

毎日を元気にする言霊

- **寝る時に：今日はよかった！ありがとう！**
- **目覚めた時：よく寝た！今日はいい事があるぞ！**
- **食事の時：美味しそう、美味しい！美味しかった！**
- **困難な時に：できそうだ！できる！できた！！**

下町の病院の待合室でたむろす常連のご老人の会話より
熊さん「内科のナントかちゅう若先生、歌舞伎役者みてえに色白だなあ、ありゃあ。一人モンらしいぜ」
虎さん「まあ看護婦にはモテモテかもなあ、少なくとも俺らよりはなあ、熊さん」
熊さん「ちげえねえ、ところで最近、八っちゃん、あんましここに姿を見せねえなあ？」
虎さん「ひょっとして、病院でも入ったかなあ？？」

細胞さん　ありがとう

言霊「ありがとうございます」の真意を第二章でお話しました。最高にして最大の感謝の言霊なのです。

私たちは恋人からプレゼントをいただいたり、席を譲っていただいたりすると、「ありがとうございます」と挨拶をしますが、ご自身の肉体に向かって「ありがとうございます」という習慣はほとんどもちません。ですが、考えてみてください。細胞さんは、文句ひとつ言わずに、24時間働きつづけてくれています。

意識のご主人様が、飲みすぎでも食いすぎでも、一生懸命に頑張って働きづめです。意識のご主人様が、喜び、感謝、充実、感動ならいいのですが、愚痴、不安、怒り、悲しみに包まれていますと、本来の宇宙生命波動ではありませんから、その不良な意識波動に関連した肉体細胞に、歪みを生じてしまいます。それがやがて、肉体細胞からの悲鳴である「苦痛」という信号で、仕事を休んだり、お医者さまにかかったりします。

「病」それは細胞さんからの危険信号であって、いち早く察知すればこれまでの生き方や習慣をかえて、心と行動の修正に務めようとするでしょう。

一般的にはまだ、病とは、外因性でウイルス、食中毒、重金属沈着、過食、抗体異常などのせいにして、心因性は認めない風潮ですが、新潟大学の安保《あぼ》徹《とおる》先生によればガンでも心因性が6割以上、筑波大学の宗像恒次先生にいたっては、ガンも9割以上が心が起因と指摘しています。誰でも毎日5000個ものガン細胞が発生しますが、心の負担がその免液機能を低下させてしまうというのです。

まさしく「病気」とは主因が心以外にないと言っていいくらいです。でも細胞さんは、黙々と文句一つ言わずに働きつづけ、その労働の請求書も寄こしません。60兆個の細胞は、自己主張しないのです。

60兆個の細胞さんは常に連動していて、例えば足の小指を机の角に、ぶっつけますと、「アイタタ」と叫んだその患部をかばう様に、体重移動を促して全体で負担をかけない姿勢をとります。ぶつけた指の患部には、皮膚電流が増して、免疫系もいっせいに出動します。見事な60兆個もの大調和の世界、それが私たちの身体細胞です。

一方人間社会は、自己主張と、一人勝ちの社会で、わずか67億の人類は局地戦争を今だにし続け、身に爆弾をまとって自爆するのです。

わが身を、昼夜分かたず大調和で働き続けている細胞さんに、「ゴメンナサイ」とまず詫びてみてください。そして、「胃さん、心臓さん、肝臓さん、腎臓さん、肺臓さん、ありがとうございます。いつも働いていてくれていて本当にありがとうございます」と感謝しましょう。

「大腸さん、小腸さん、直腸さん、ありがとうございます。いつも栄養吸収と排出をしてくれてありがとうございます」と日々の心地好い排泄を感謝しましょう。出口管理は入口管理よりも大事なこと。ガンの患者さんで便秘でない方は一人もおりません。

さらに、目さん、耳さん、鼻さん、口さん、喉さんにも個別に感謝しましょう。そして、皮膚さん、筋肉さん、骨さん、血液さん、血管さんにも愛を送りましょう。

細胞さんほど、本当の味方はいますでしょうか。一言も文句も言わずに日夜、自分のためだけに働き続けてくれている。なんと主役霊意識よりも、はるかに純粋ではありませんか。そこに感謝せず、自分の細胞さんや臓器さんを、まるで機械の交換部品のように思っていることに、とんでもない過ちがあるのです。

自分のものだから何をしてもいい、少々怪我をしても、あって当たり前だ、酷使しても自分のものだから何をしてもいい。こうした自己独占の思い込みが病を作るのです。

現代人は、己の真なる味方、その細胞さん、臓器さんにむかって、「感謝」の祈りをもちません。霊思念が主であって、肉は縁あっていただいた従者であります。しかし霊主心従体属の主役の霊体エネルギーが、最大の味方である細胞さんに向かって、感謝の念がなければ、霊と肉の結合は、強固になるはずがありません。

肉体をいじめることは、鍛えるというプラスの意欲ならまだしも、かりそめにも自殺は殺人罪ですから、もっとも罪が重いのです。両親と先祖の縁を自爆テロで破壊してしまうと、先祖にも、その大先祖神、大生命意志にも申し訳がたたないことになるのです。

透徹した自己細胞への祈りは、肉体自己を産んだ両親への祈りであり、さらにご両親を遡ったご先祖さまへの祈りとなります。だから本来、仏壇も要らないのです。

細胞への祈りは行き着くところ、宇宙創造神への感謝に通じることになるのです。

感謝の言霊は、宇宙と共鳴して、大宇宙から生命エネルギーが流れ込んでくるのです。言霊「ありがとうございます」が、最高にして最大の祝詞ですので、毎日毎日「細胞さんに感謝の祈り」を実行してみてください。

神棚を設けることをお勧めします。細胞や宇宙創造神への毎日の祈りの決まりごととして、神棚のような対象があったほうが、習慣となりやすいからです。

「大宇宙大心霊様、わが魂、わがいのちを頂戴し、ありがとうございます。今日も大宇宙大心霊様の御心にそって、存分に生かさせていただきます」こうした感謝の言霊も日常化できます。同時に、細胞さんに向って、感謝の時間をもつことができます。

毎日死んで毎日生まれ変わる

朝から晩まで、奴隷のように穴掘り作業。ヘトヘトに疲れて、ねぐらに戻り、すきっ腹を満たすだけのあてがいぶちの食糧を口に詰め込み、ぐったりと横になる。人生を楽しむ目的もない、そんな毎日であるならば、生きがいもないでしょう。労働の対価も無い奴隷暮らしであるならば、体力が減る一方で、やがてこの世をおさらばすることになりましょう。

ですがその作業が大変ではあっても、それが家族の糧になったり、家づくりそのものであったら、生きる目標ともなります。労働を終え、夕べに家路につくと、家族からのお迎えで「お帰りなさい」、「お疲れさま」の言霊でその疲れがいやされます。そして「おいしくなあれ」の言霊で作った家庭料理をいただき、「いただきます」、「ごちそうさま」の言霊で、見えない愛情と見える栄養素で、身も心も充実します。そうすると、脳内にはドーパミンというホルモンが分泌されて充実感に満たされます。やがて夜もふけ、おのずと瞼《まぶた》が閉じてまいります。そして「おやすみなさい」の言霊で、お布団にもぐりこみます。

同居人がない独り身のご自宅であっても、「いただきます」、「ごちそうさま」は必須の言霊であって、食事の養分が血となり肉となって身につくのです。また一人であっても「ただいま」、「おやすみ」を言えば、部屋中の家財、天井、観葉植物さんすべてに、家主の共生波動が伝わるのです。だから一人暮らしでも、言霊を発しましょう。「細胞さんありがとう」と同様に、「おやすみ」の言霊は、声が届かなくてもご家族全員の魂に、家中の天井空間にも飛んでいく。単身の方でも、遠く実家で待っているご家族に、「おやすみ」の慈愛の波動が、虚空に飛んで届いていくのです。

私たちは、毎日死んでおります。なぜならグッスリとお休みになっている間、魂はあの世に行っているからです。肉体こそすべてだと思っている方に言って下さい。「貴方は睡眠中、鼻をつままれても身動きひとつしませんよね。肉体が全てですと、そんなことは無いはずですよね」と。

睡眠中、あの世で魂が充電されて、再びこの世に生まれ変わります。ですから毎日、死を訓練されているのです。人生の死は一回切りだと、誰が決めたのでしょうか。ヒトは夜に、3万2千回（平均寿命87・6歳×365日）死んでは、また毎朝生まれ変っているのです。

毎晩、お休みになるときの、「おやすみ」の言霊は、同時にあの世への旅立ちの言霊でもあり、意識が肉体から離れますから、「肉体細胞さん、おやすみ」でもあります。意識は日常罪ケガレが入りっ放しですから、細胞さんは純なる安らぎの言霊とともに、ケガレ意識と離れ、安心して休息でき、一日に受けた歪みがとれていくことになります。

お休みになるときに、横になってつぶった眼の裏側に、今日出会った方々をイメージしてみてください。今日の出会いに感謝の言霊を、無言で添えてみましょう。「〇〇さん、今日お会いしてありがとうございました。今度の出会いはもっと素晴らしい場面を提供しますね」と呟いてみてください。

主役である霊意識本体から飛ぶ感謝波動は、覚醒意識状態から半覚醒意識、さらには無意識状態からあの世に移行して、あの世次元でその方とお会いし、感謝の絆をより深めることになります。すると、次に生まれ変わった翌朝から、素晴らしい繋がりで再登場するのです。もちろん毎朝、細胞さんはリフレッシュされて、「よく寝た！」の言霊で、覚醒します。

病院に入院されている方にとっては、死に最大の恐怖がありましょう。しかし「恐れ」が、病には大きくマイナスに作用するのです。

毎日毎日、死んでいるのですから、死を恐れることなく、プラスの言霊でつくり上げた、新しい誕生を自分自身でつくり出すのです。

ガンさん愛している

わたしの尊敬する知人のお一人に、サトルエネルギー学会理事長の寺山心一翁《てらやましんいちろう》さんがいらっしゃいます。寺山さんは大手電気会社の一流技術者として働かれていたのですが、やがてガンに侵されてしまいます。

もう余命二ヶ月と宣告された頃、病院内の気配や特にいやなニオイにいたたまれず、夜な夜な屋上に空気を吸いに行っていたそうです。それを看護婦さんが自殺と察し、後を付け回されたとか。そこで静かに自宅で余命を送りたいと申し出たところ、病院内での自殺は迷惑千万だからか、自宅療養ＯＫが出たそうです。

ご自宅で毎朝、昇る太陽を拝んだそうです。「太陽さん。ありがとうございます。今日もご挨拶することができました」その言霊に合せて、感動の涙を流したそうです。

太陽は一秒間に、石炭を２００万トン燃やした熱量を地球に送り届けてくれます。その太陽の光なければ、あらゆる生命は維持できません。光が届かない深海の魚も、海の表層で光を浴びて住む小魚を中層の魚が食べ、その中層魚をさらに海の奥に住む魚が食べて、太陽の光を受け継いで生きているのです。

無償の光のありがたさを、毎朝拝み感謝することで、寺山さんの命の大元に光が差し込んだのです。これまでの生き様の全てを反省し、物の一切を放棄したそうです。服もかばんも、ペンも一切要らない。ただ命あることに感動し、雨のように涙を流されたそうです。太陽が昇るおよそ40分前に、すずめが囀《さえず》りはじめます。それは太陽が昇る気配で樹木が目を覚まし、マイナスイオンを放出するからです。その新鮮な空気にすずめ達が反応するのです。

寺山心一翁さんは、余命二ヶ月の命から、見事に回復されたのです。「生かされていることとの感動」から命が芽吹いていったのですね。さらに、イギリススコットランドにあるフィンドフォーン共同体（教育やエコロジープログラムなどで、さまざまな学びの場を提供しているコミュニティ）での生活を通じ、はぐくみ合いの素晴しさを体験していきます。やがて、ガンの存在自体が自己の気づきと知るようになったと述懐されます。

「ガンさん愛してます」、とはなかなかいえませんね。でもガンを愛することで治癒していった詳細を寺山さんは書かれています。今、苦しんでいる方には、病を癒すきっかけを、名著「がんが消えた～ある自然治癒の記録～」（日本教文社刊）で、見つけていただきたく思います。

ガンの名医である帯津良一先生とお話する機会も多く、がん患者さんが病から解放されるときの共通項は、新たなる喜びの発見と聞かされました。入院中でも人生の大きな慶びの転機に遭遇して、それが「いのち」に光明を射すのでしょう。また患者さん同士の病室での労わり合いや、笑いや、心からのお友達になることなども影響するようです。どれも、いのちに光が射すとき、容態は激変するようです。

帯津先生は、いのちとは、私たちの皮膚の内側に閉じこもっているのではなく、臓器と臓器との間にも、また皮膚の外側にも繋がっているといいます。いのちの流れが、友達という共通の場で触れ合い、溶け合って共鳴しているのでしょう。

「いのちは繋がっている」のです。病魔からの奇跡の回復や、人生という生き様の劇的変化をなした状態とはおよそ次のようです。

① 大宇宙に一対一で触れたとき
② モノが全てではなくて、自分が生かされていると実感されたとき
③ 自然や人の素直な心に感謝で打ち震えたとき
④ これまでの価値観であったモノを捨て去ったとき

「ガンさん愛している」も凄い言霊ですが、病院内で「素敵よ」の言霊で、お相手の命に光を与えることもできるのです。生きていることの素晴しさ、指一本動かせることの素晴しさ、話せることの素晴しさを、無理なく自然体で、心からお相手の命に

言霊の光を差し上げてください。

「生かされて、生きていること」を、毎朝言霊で発してみてください。それが、神棚や仏壇での祝詞や声明の本質なのです。

感謝が本当のお薬

国民皆保険ですので、身体に異常がありますと、早々にお医者様に通っては、お薬をたくさんいただいてまいります。早期発見ということで、すぐお医者様に行くことはよろしいのですが、中には少々の風邪でも飲みきれないほどの余計なお薬を服用するのはいかがなものでしょうか。

発熱は身体の抗体が働いてくれている証拠で、それを薬で抑えてしまうと、自己治癒力が低下してしまいます。

病とは危険信号であって、これまでの生き様を変えてくださいという細胞さんからのメッセージです。だから基本的には、病直しをするのはお医者様ではなくて、ご自身といえます。病はご自分がつくったのですから、本来ご自分しか直せないはずですね。

さて、発熱現象は一種の解毒代謝ですが、代謝には次のものがあります。

・解毒代謝
・エネルギー代謝
・新陳代謝
・物質代謝

この4つが重大な代謝ですが、よくよく考えてみると、これは全部自分の細胞さんの大仕事です。

お薬は一時的な痛み止めで、量が多すぎれば体がマヒしたり、毒にもなります。そしてお医者さまは、自分の不健康な生活態度を戒めてくれる医療的なお手伝いをされる方です。ですから自己治癒がなんといっても大事ですね。

その自己治癒は、心の深いところと関係して、怒り、悩み、不安などのない、快活な心が基本となるのです。そのことが分かると、細胞やこの体の仕組みに、感謝の気持ちが湧き出てくるし、怒りなどのマイナス感情の害毒がはっきりしてきます。

チベット医学では、三毒説という病の本元を指摘しております。

・むさぼり
・愚痴
・怒り

この三毒が、病の大元なのです。チベット医学とは、お医者様が患者さんの三脈、つまり脈拍だけでなく心系、腎系、胃系の強さを診たり、ナントおしっこまで味見したり、漢方薬も一日の月の出入り時間から投薬時期を判断される、一種の人間丸ごと医療なのです。

そのチベット医学の三悪のひとつ「むさぼり」、それは独り占め、我欲ということです。ですから、その逆の態度がお勧めということになります。それは「与える喜び」ということになります。「どうぞ」の言霊で、物を与えるのもいいのですが、本質は心ですから、「わあ、キレイ」の言霊だったり、「とてもお似合いですよ」、「どうぞご一緒に！」の明るい言霊。こちらの喜びを分かち合う言霊が、与える喜びになります。

三毒説の二つ目の「愚痴」、その逆の心の方向は「受け入れ笑う」ということになります。

愚痴は前に出てこない、滞りのマイナス感情です。愚痴という性癖のお仲間は、笑いもなく、呼吸も浅く前かがみ、趣味もなく引っ込み思案、友達がいない、さらに相談できる人もない、集中力が欠ける、積極的になれないなどで共通します。

こんな方に、全てを受け入れてからからと笑う、そんな真似できましょうか。多分できないはずですね。

友達からからかわれても、冗談で返して恨まない、背筋をピンとして、全てOK。喜びごとは他人事も「よかったねえ!」と心から同調する。心に不平や不満を溜め込んでいないで、何でも喜びです。「すごい、すごい」、「やったねえ」、「よかった!」そして「おめでとう」で、どんどん前に出てみるのです。この生活態度が、病から解放されるのです。

チベット医学の三毒のラストは、「怒り」です。

怒りは、急がされる感情、不平不満、相手のミス、いらいらの四拍子がそろうと、時には爆発します。だから、急がされずにマイペース、心にしこりを残さない習慣、許すということ、そして心のゆとりの四条件がいつも備わっているに越したことはありません。金・モノがいのちの大前提と思っていらっしゃる方は、それが得られないと死ぬ程の苦しみを味わい、怒りにもだえます。怒りの逆は、いつも笑顔で感謝すること。それはなかなかできないことと、決め付けてはおりませんか？

もてる男性と素敵な女性はいつも笑顔です。また彼らは、人を怒鳴りつけたりはしません。どなたもそうした方を、ご覧になっていると思います。何時でも元気良く、からからと笑うことが肝心です。そうした心情の持ち主の方、それは「笑顔が一番」と知っているからです。「怒りは」奴隷の心と書きますように、最下層の心ですから、細胞を傷つけること著しいのです。笑顔の方は、肌の色艶がいいです。一方、無口、引っ込み思案、ほめない、認めないで生きてきて、友達がいないで、感動、感激、気づきと発見がない方は、顔にハリとツヤもなく色黒でカサカサしている。

以上の心の三毒から離れた生活は、肌のつやとハリ、笑顔、もてる、背筋がピンシャン、おまけに笑い飛ばすのですからもう最高ですね。

感謝の言霊が、健康を生むということがお分かりになりますね。

「本当に生かされている」ということがハートで判った瞬間、誰はばかることなく号泣する。だから、涙は心の洗濯水です。

旬をいただく

日本には、春夏秋冬あり、こんなに色濃く季節感を味わえる島国は他にありません。ですから地方に旅行に行かれて、その土地の方にその土地特有のお話を聴かせていただいたり、お料理を楽しむことも心が洗われるときです。

とりわけ旬をいただくことが大事で、春のよもぎ、竹の子やフキ、そして、ふきのとうといった苦味のある旬の食材は、夏ばてに備えるのにも最適です。とりわけ、ふきのとうは痴呆にもよろしいのですよ。春の食材は、芽が吹いて成長する、そうした人間でいえば脳が成長する少年期に相当する食材といえましょう。ですから脳の生育にもよろしいのです。ちなみに痴呆の方は、実の息子や娘から分離感を持っているのです。最愛の子どもが遠くに行き身近にいなくなって、心が閉じこもってしまう。このため、赤ちゃんやお人形さんを抱かせると本来の愛が目ざめて、こころが開放するのです。

夏のナスは食中毒の防止、秋の柿やブドウなどの渋みのある食材は、冬への備え、寒さから体を守り壮健にしてくれます。日本の四季折々、その旬の食材は栄養というよりも食養生の一種、漢方薬のようなものです。

「いただきます」、「ごちそうさま」の言霊は、第二章でも触れましたが、口に入るものの魂をいただくものですから、その意義を正す言霊です。そして「おいしいね！」、「旨かった」の言霊が、体内にとり入れたものを本物の栄養に変えていくのです。お食事するときのワクワク感が心の栄養となり、キラキラと輝く光の波動が魂の栄養となるのです。人は「からだ」と「こころ」と「たましい」からなりますから、食べ物をとり入れることは、「からだ」だけに作用するのではありません。心や魂にすら及んでいるのです。

ですからお行儀良く、なにもお喋りしないのではなく、談笑結構で、賑やかに楽しく、「美味しそう」、「おいしい！」、「おいしかった！」の三段拍子で食事を致しましょう。食事中のお小言は厳禁で、それでは栄養になりませんし、むしろ食毒になります。ですからお小言は、お食事のあとに致しましょう。

第一章で言霊アオウエイの五母音が、後に五行五大に、そして五穀にも継承されていったと述べました。もちろん、体の五大、五指も同様ですが、五臓も同じ。旬をいただく五味、つまり甘（あまい）・酸（すっぱい）・鹹（しおからい）・苦（にがい）・辛（からい）と五臓の強化との関係を図7に示します。

五臓とは肝臓・心臓・脾臓・肺臓・腎臓それぞれ、酸・苦・甘・辛・鹹の味わいに

図7　漢方医学　五行

	五臓	五腑	五味	五志	矯正食	症状
木	肝臓	胆	酸っぱい	怒り	梅肉 酢	短気　眼病 自律神経系
火	心臓	小腸	苦い	喜び過度	ごぼう 黒豆	舌　動悸 不眠　不安
土	脾臓	胃	甘い	憂う	大豆 紫蘇	疑う　口唇 食欲不振
金	肺	大腸	辛い	悲しむ	玄米 ネギ	鼻　皮膚 むくみ　痰
水	腎臓	膀胱	鹹《から》い（塩）	恐れる	あずき 山芋	耳　腰痛 老化現象

に対応して改善されます。またそれぞれの五臓五腑の矯正食も参考となさってください。

とりわけ玄米食は、ガンから生還された方々に共通して効くという食事です。特徴はまず、便秘が治ることです。腸の働きが治るのです。またアワ、ヒエ、などのつぶつぶ料理も最近では大変工夫されて、なんとスイーツすらもあるのです。それはカロリーが圧倒的に低いことと、お通じが便秘薬不要でバッチリとなるからです。そして何よりも素晴しいのは、心が変わってくるのです。

ハンバーガー1個のために5平方メートルの熱帯雨林が消えるという

のは、有機食つぶつぶ料理研究家の大谷ゆみこさんから教えていただきました。メタボのお父さんやダイエットのお母さんがゴマンといる一方で、8億人が飢え、20億人が栄養失調というこの地球。でも桃太郎さんがもっているキビ団子に見られるように、日本は昔から、稗（ひえ）、粟（あわ）、黍（きび）の食生活になれているのですね。

日本では昔から神さまが、豊葦原瑞穂《とよあしはらみずほ》の国というように五穀豊穣を約束してくれましたが、それは単に飢えからの解放ではなくて、「健康に生きること」を授けてくれたのですね。

神様はエネルギーを大地にそそぎ、土壌に蓄えられた生命のエネルギーは雑穀を育て、雑穀は人間の口に入って、心の栄養と血液の浄化とエネルギーの補給をします。肉食は食肉にされるときの動物の苦しみの念が血肉にこもっていますからお勧めはしませんが、せめてお野菜と一緒にいただいて、感謝の念を捧げるべきでしょう。食とは、単に物質的な栄養価が尺度ではなく、周りの草木、日光、土壌、ミネラル、水の「木（ア）・火（エ）・土（イ）・金（ウ）・水（オ）」が原型の五行五大総合的波動をいただいているのですから、そこに太陽を感じ、山々を感じていただくことが大事。食の基本は心、そして感謝なのです。

「あのよお!」はこっそりと

小学校三年生の夏休みのときでした。私の母方の田舎でありますす伊豆の親戚の家、昔は漁師兼魚屋だったのですが、今では料理屋。そこで夏休みを過ごしたときのことです。お昼前の11時頃だったか、当時はまだ小さな漁師町の風情で、そこら中にアジの干物やら、シラスの簾乾《すだれぼ》しがゆったりと陽光を浴びて、なにやら魚くさい町並み。その中を歩いていたのですが、突然、光だけの世界になってしまったのです。

電信柱も光からできている。家屋も干物も、みんな光のツブツブでできていて、光の濃淡がおぼろげながら街角の風物のカタチを理解させてくれている。

遠景がかすんでしまって、10m位の近景だけの光の空間でしょうか、光のドームに入っていく。その入り口をくぐると、なにやら心地よさそうな場所にホンワリと座り込んでしまいました。記憶は定かではないのですが、光の競演にうっとりと見とれているそんな状態が、ものの1時間かしばらく続いたでしょうか。

突然揺り起こされて、目を覚ましたのですが、そばに三歳違いの兄が立っておりました。そこは知らない他人のお宅の庭先、数坪の小庭の縁側で寝込んでいたのです。兄が不思議がっていたのですが、私の靴がどこにもない、それでいて足の裏が全く汚れていなかったのです。

今でも、全ての物質は光からできていると考えているのは、私の心底にこの小さい頃の情景があるからでしょう。

また私の母は、三途の川の直前まで行ってきたときのことを話してくれました。それは、実に綺麗なところで、こんなに素晴しい、美しいところは、見たことがなかったと、何度も聞かせてくれました。

私自身は、臨死体験で霊界に直接行ったことはありませんが、夢では数回、地獄体験をしております。毎度、亡者たちに説法に行くのです。「そんなことをやって一体何になるの！」と、毎回地獄界をうろつきますので、とうとう地獄の小役人に捕まって、閻魔様の前まで連れて行かれました。「あんた毎回毎回、帆船で遠方から来るけど、こちらの仕事の邪魔なので遠慮してくださいよ」とご注意をいただき、舌を抜かれると思いきや、「蕃帆《ばんぱ》」とかかれた木札を渡されました。どうやら、他国から来た人物という意味のようです。これも実に鮮明に記憶してます。

そんな訳で、私にとってあの世とは親しみやすい次元で、本章第二節に書いたとおり、毎日死んでいるのですから、私たちは死と行ったり来たりなのです。

「ジュリアの音信」という120年ほど前のアメリカでの実話があります。病弱で亡くなったジュリアのお友達、エレンは枕辺でささやく彼女の声で目がさめた。そして何か語りたげだった、現実味を帯びた彼女の口元と微笑みが忘れられません。そこで彼女は、霊能者W・T・ステッドにジュリアとの交信をお願いし、後に著名な「ジュリアの音信」というステッドの自動書記を通じた霊界通信が、後の世に伝わることになります。

内容は、肉体死の魂離脱の様子、泣き叫んで死体に向き合うH夫人を天井から眺めたこと、霊界のお友達やその風景、金の価値がゼロなことや、牧師、ほか職業に序列がないこと、また、自分の罪が霊界ではっきりと分かることなど。

「エレン、皆さんに伝えてください。愛とは天国に入るカギ、そして愛とは神なのです」そこにはエレンとジュリアしか知らない秘密や、7年前ブル夫人の家の前で転んでエレンが背中を痛めたことなども、ステッドの自動書記として克明に描かれています。

古今東西、数万という方が、あの世のことを伝えている。それも医師、弁護士、教師などなど、比較的信頼できる階層で、嘘が言えるような方々ではないのです。エジソンの最後の研究は、霊界通信機の開発でした。

私たちのもつ意識エネルギーが、死後プッツリと「無」を迎えるということは、エネルギー保存則からいって、矛盾があるのです。ですから自信をもって素晴しいあの世があることを、期待してお待ち下さい。素晴しいあの世があることを、知らないお友達にもお伝えください。ただし、耳元でそっと囁《ささや》いてくださいね。「あのよお！」って。

この世で、普段生活しているときも、病床にいるときも、「死とは恐ろしいもの」がつきまとって、負の感情になってしまうと、肉体細胞が歪んでしまいます。死の恐怖に打ち勝てず悶々とすると、生の喜びがもちにくくなってしまいます。

ですが、死を超えてまた、素晴しい世界が待っているのです。だからといって、早くお往きなさいよとお勧めするわけではありません。せっかくの今生の生を満喫する義務があるのです。早々に今生の「生」をパスしてしまうと、人生修行での「自己神化」が中途半端で、中身がスカスカになってしまいます。

死とは恐ろしいものでもなんでもない。この世と連続した、素晴しく美しい世界なのです。この世に誕生するときには、全てを忘れて出現します。もし、素晴しいあの世の記憶があって、そこを希求してしまうと、せっかくこの世に手を上げて出現した意味がなくなってしまいます。だから忘れさせているのです。

死を恐れることなく、この世で全てを受け入れ認めて、常に美しい言霊を発し、素晴しいこの世を作りだそうではありませんか。これまでの生き方の反省の言霊、「細胞さんゴメンナサイ」、「みんなごめんね、ありがとうね」、で病とおさらばし、今生かされていることに感謝して、喜々としてこの世を過そうではありませんか。

第七章

言霊がはこぶ
もっと素晴しい人生

実現の法則

1）　正しい言霊・美しい言霊

（発声による言霊量子の放出）

2）　自分のプラスのみならず、それが他人のプラスになること

（全体共鳴の原理）

3）　イメージから確信へ、確信から必然へ

（エネルギー保存則　：　原因の強さ　＝　結果の強さ）


言霊が、実現に向かうためには、上の三つがポイントとなります。

真なる言霊・善なる言霊・美しい言霊が基本です。

そして、全体共鳴の宇宙原理から一人だけでなく、全体のプラスになる言霊が肝要です。それもつぶやきでなく、確信をもった明確な言霊が大切です。その明確な確信が、必然へと導きます。

ＩＱからＥＱ、そしてＳＱへ

「ダーウィンの進化論」、つまりヒトの原型はサルだったという説。だがサルが「源氏物語」を書けるようになる確率は10の60乗分の1。つまり分数の分母が１０００……とゼロが60ケ続く。年数で言うと10の16乗年というのがケン・ウィルバーの理論です。猿人出現の５００万年前よりも、まだ数１０００兆年の潜伏期間が必要ということになるようです。

大宇宙とは一つの銀河系惑星と信じられてきたのが、わずか30数年前でした。それが今では一つならず、同じような２０００億個の惑星からなる銀河が２億以上もあるというのが定説です。

これまで常識と思い込んできた科学的証拠というのも、自然界の極々わずかな痕跡を拾っているに過ぎないようで、圧倒的に未知領域は広くて深いですね。大宇宙の見えない物質とダークエネルギーが、宇宙総エネルギーのなんと96%なのですから。

科学以前に生命があり、これ抜きに一切は語れません。生命とは主観たる意識と、意識を支えている霊魂です。その主観たる意識が、科学をロジックで解釈しているのです。

生命現象と直結するのは、愛や感動という眼には見えない内側の世界の出来事です。外の世界ももちろん大事ですが、生命現象の内なる世界が、もっともっと大事だといえます。

自然科学が、神学から分岐するギリシャ時代に、そもそもロゴスとパトスという二つの体系がありました。ロゴスはロジックであり、「論理的」と訳せますが、経験知識に基づいて、物事を考察する現在の科学的手法がそれですね。要素還元論といって、物事を要素にバラバラに還元分解して、その性質やメカニズムを追究するのがこれまでの科学です。人類は、この科学的ロゴスを活用して、豊かさと便利な道具を獲得して参りました。学校教育では、ロゴスが主な対象で、逆に内なる世界の「心の徳育」は後回しにされがちです。

一方でパトスは、感性や情動的とも閃きとも訳すことができます。ノーベル物理学賞受賞の江崎玲於奈《えざきれおな》博士は、ロゴスと共にパトスの存在が大事だと2007年1月の日経新聞に論述されています。旧来の常識にとらわれていては、新しい発明発見はされにくいのです。ノーベル賞級の独創的基礎科学は、固定観念に拠らない「閃き」から生ずるのです。

江崎先生は、次のように述べておられます。「(基礎)科学者の研究はパトス的側面が濃厚です。直感と霊感を頼りに暗中模索、悪戦苦闘を繰り返し、やっとたまに闇の中に光彩を放つブレークスルーを見出して歓喜するのです。ここにサイエンスの真髄があるとアインシュタインは言うのでしょう」

人間に左脳と右脳があるように、ロゴスとパトスは、その両方が無ければ人間性豊かな物質と精神のバランスの取れた発展はもたらされません。ところが現代社会ではロゴス偏重で、客観性をもたないものは社会は受け入れがたいのです。意識の問題などは、数値化できず客観性をもちにくいから、下手に展開すると袋叩きにされかねません。

ですが意識の問題こそ、科学的視点をもちながら探求する新機軸を拓いていかないと、これからの神人類への大きな飛躍はできないでしょう。意識をその元である言霊に変え、言霊力と捉え、エネルギー場と見なすことによって、この現象世界を新しい視点で見直すことができると思っています。

医学は物質医学、エビデンスロジックだけではもう通用しなくなってきました。このことは、ロゴスとパトスの二元という左右の切り口だけでなく、入口、中腹、頂上という縦方向への進展に向かいます。つまり知能指数（ＩＱ）という、ロゴス的な入り口の段階から、感性指数（ＥＱ）というロゴスとパトスの中庸で、山の中腹段階へと進みました。そして存在の本質ともいえる、パトス寄りでかつ山の頂上に向かう霊性指数（ＳＱ）という方向に人類は進みはじめました。社会は、「霊性」（Spirituality）を、さらに深めはじめたのです。

本著の主題である「言霊」も、まさしく霊性を本質として、ここまで筆を進めてまいりました。つまり情動や感性（Emotional）から、霊性（ＳＱ）へと進展しないと、人類進化のブレークスルーが見えてまいりません。

言霊は、霊体の発露その響きそのものであって、それが行動の原型となるのです。言霊が動機となり行為し、その結果も「善かった、嬉しい」などの言霊で、心に刻まれるのです。

「エネルギー不滅の法則」という物理則があります。水にも氷という固体、飲み水のような液体、湯気のような蒸気体の三態があります。見た目の形が違ってもエネルギーの値（準位）は同じで、眼で見える固体の炭もエネルギー状態が変わって、ゆらゆら動く火や眼では見えない熱となります。つまり、目で見える炭という物体は、形が変わって目で見えない熱エネルギーとなっても本質は同じということです。

ＩＱで物事を判定していった科学も、ＥＱという使いやすいか、使いにくいか判然としない価値観科学に変化していき、さらに近年では量子力学のように、波動状態という目では見えないＳＱレベルにまで進展してきました。

人間をＩＱでみれば記憶力の高さ、知識者が優れているということになります。ですが、知識者が必ずしも素晴しい人間であるとは言えないことは周知の通りです。そこで思いやりの深い、情動のあるＥＱ人間がさらに素晴しいということになります。全ての人間を心から引っ張って行ける信頼に足る高度な神性人種かというと、まだＥＱでは不足なのです。

霊的にも完全なる神化された智者、つまりＳＱとはそういう指標なのです。ＳＱが高い資質は「真なる言霊」、「美しい言霊」、「善き言霊」を駆使する霊的完成者であって、ここが神近き霊止（ヒト）であるといえます。

その霊的完成者が、肉体を離脱してあの世に戻るとき、彼は肉体が全てではないことを知っていますから、肉のない霊体を己と知り尽くし、迷わず一気にその旅立ちが定まります。仏教では、死後の一定期間、49日までは、通常は高級霊の指導の下、あの世への旅立ちのための教育を受けるとしています。ロシア正教では40日で旅立つと教えておりますが、地獄界、天上界の考え方などはまるで仏教思想と同様ですね。

地上界や物質肉体に執着して、頑として霊的状態を受け付けない幽体は、亡者となってこの地に自縛することになるようです。

肉体のない死んだ状況を認めず、指導霊も拒絶し、あの世への往き方が判らない亡者は、誰かにすがらないと生きられない超寂しがり屋でもあります。ところが自縛霊は生前、誰にも認められず、相手にされず、孤独でたまらない。それでいて物質思考の、ゼニ金・モノ・独占・ワレ先の自我が強いから、自分と似たタイプ、取り付きやすい方に憑依することになるのです。

憑依された方にみかける二重人格の言動。それは迷惑このうえありませんが、憑依霊は他人の体を借りて、分離、略奪、怒り、苦しみの想念を際限なく繰り返します。だから死んだことを理解すること、愛や感謝や調和の方向にこそ魂の進化、自己存在の理由があることに気付かないことには救われないのです。

ＩＱからＥＱへ、そしてＳＱの高いレベルになると、生身の肉体人間から、こころや魂が本体の、より高次な意識へと人生の舵を取ることを知っている。また常に、「真・善・美の言霊」を発していますから、愛深く、調和が取れ、共に生きる喜びを知っているのです。つまりＳＱ人間は、この世もあの世も生き通しなのです。

仏壇でご先祖様に向って、自分でも意味が分からないお経をあげることよりも、「ご縁をいただきまして、ありがとうございました」と言霊ではっきりお伝えするほうがいい。亡くなったご先祖様のほうは、誰かが自分に向って感謝の言霊を発しているのだから、何を感謝されているのか自分自身に問いかけ、仮にその身が低次界にあろうとも、「私に向かって感謝している」という光を発見できるのです。自己にあてられる感謝その光に、翻然として気付き、さらなる光明を目指すようになるのです。その瞬間、冥府から極楽昇天に飛んでいく。またご先祖様がSQ人間であれば高次界にお住いでしょうから、感謝の光を当てている子孫がいると気付けば、その家族を優しく見守るように働くことになります。その見守るという想念が、さらに仏様の霊的次元を上昇させるのです。

大宇宙から自己細胞、原子まで一本串の真理

夜空に瞬く星々をじっと見つめて、広大な宇宙や人生の転変に想いを馳せてみる。やがてその想いが、ふと仕事の場面に変わると、それまでの深みある青い宇宙と泥臭い灰色の現実とが、まるで無縁のように思えることもあります。

ですが、いまここの現象を、マクロに極大に広げてみれば大宇宙であって、いまここの現象を等身大に目を向ければ、そこに働く仕事社会が見えてまいります。またいまここを、顕微鏡で覗いて、さらに電子顕微鏡でミクロの世界に飛び込むと、細胞か

ら原子の世界が見えてまいります。

すべて、今ここの「中今（なかいま）」は真実であって、きれいに一本に繋がっているのです。原子の中の作用は、この社会の中の作用であり、宇宙の作用と等しいのです。

第6章でお話したように、病という細胞レベルの病理は、人間丸ごとまで及んで、その方の日常習慣から愛憎という意識の想いまで入りこむのが道理でしょう。病を発したその方の生活には、地球レベルの戦争という闘争の意識の場が絡んだり、太陽系のあらゆる想いまで絡んだ宇宙トータルまで関与しているということです。

図8は物体の大きさを縦軸にセンチメートルで表し、横軸にはその物体の振動数を表した座標に配置しております。また縦軸横軸とも指数表記をしております。

ヒトの大きさは1メートルから2メートルですからおよそ10の2乗センチ。その振動数（1秒間あたりの回転数または振動数）は、脳波を取ると、およそ10のゼロ乗、つまり図8の座標の原点あたりの位置となります。

以下同様に、地球の大きさは10の9乗センチ、振動数は24時間で一回転ですから10のマイナス5乗の位置、太陽系の大きさは10の14乗センチ、その振動数は10のマイナス9乗程度。

図8

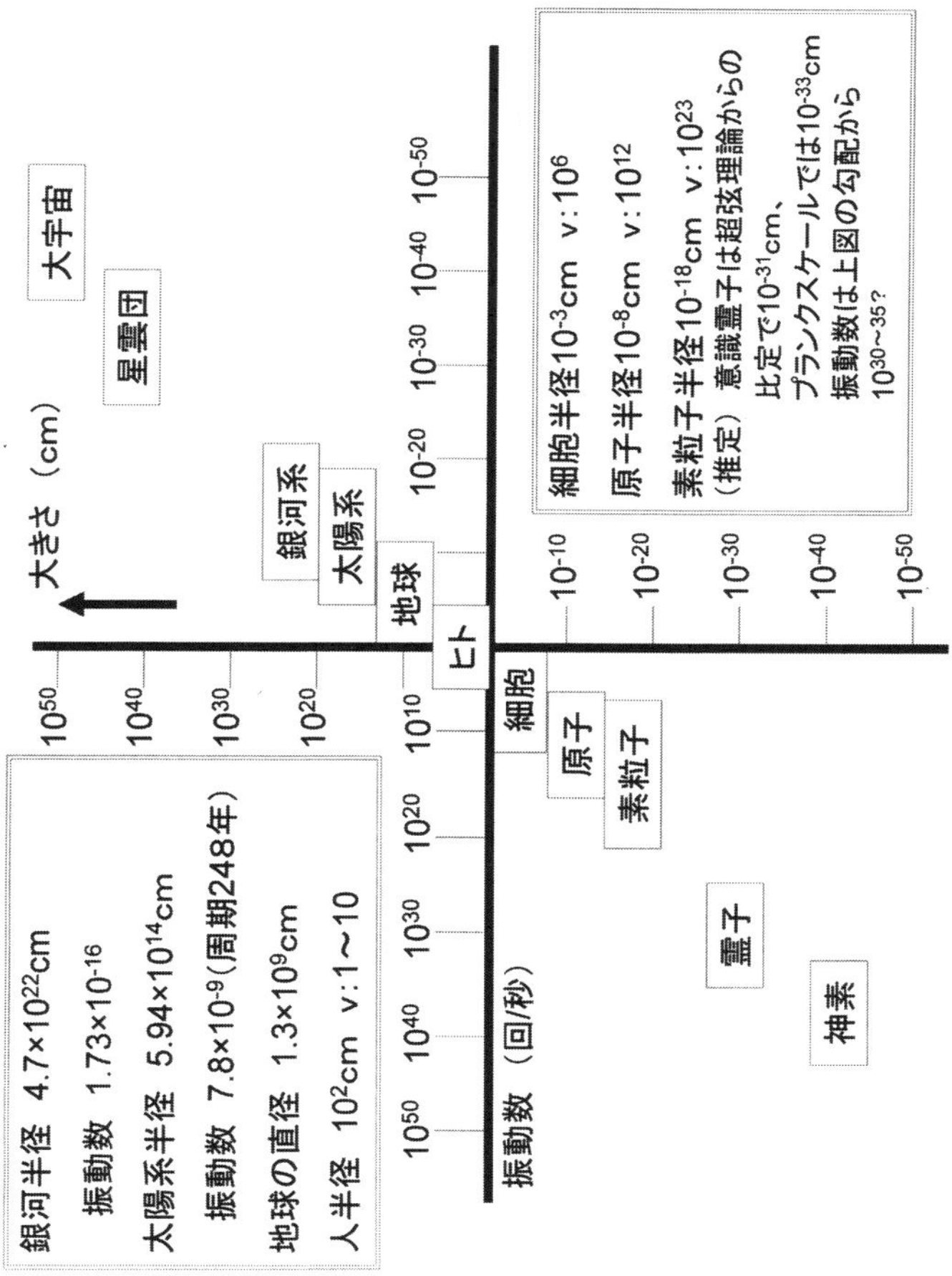

大宇宙
星雲団
大きさ（cm）
銀河系
太陽系
地球
ヒト
細胞
原子
素粒子
霊子
神素
振動数（回/秒）
10^{50}
10^{40}
10^{30}
10^{20}
10^{10}
10^{-10}
10^{-20}
10^{-30}
10^{-40}
10^{-50}
銀河半径 4.7×10^{22}cm
振動数 1.73×10^{-16}
太陽系半径 5.94×10^{14}cm
振動数 7.8×10^{-9}(周期248年)
地球の直径 1.3×10^{9}cm
人半径 10^{2}cm v:1〜10
細胞半径10^{-3}cm v: 10^{6}
原子半径10^{-8}cm v: 10^{12}
素粒子半径10^{-18}cm v: 10^{23}
（推定） 意識霊子は超弦理論からの
比定で10^{-31}cm、
プランクスケールでは10^{-33}cm
振動数は上図の勾配から
$10^{30\sim35}$?

一方、細胞は10ミクロンですから10のマイナス3乗センチ、振動数は10の6乗レベル。原子の大きさは10のマイナス8乗センチ、振動数（回転）は10の12乗くらいです。物質状態のない波動だけの状態であるプランク長さとは、10のマイナス33乗センチといわれますから、その振動数はおよそ10の44乗程度と計算されます。この辺りが霊意識の境界と目されます。さらに神意識とはそれよりも超高振動状態で、振動数10の50乗以上と仮定しました。

この宇宙統一線図は、天の川宇宙が2億以上もある大宇宙から、原子、素粒子ならびに意識霊子までの大きさ（センチ）と、振動数（毎秒単位）で整理してみたものです。すると、宇宙、太陽系、地球、ヒト、分子、原子そして霊意識素子まで一直線上に描かれることが分ります。

それは数学上、明確な相関関係があることになります。そして、大宇宙が「ワレ光なり」の言霊を発すると、人間細胞も「ワレ光なり」の形質をもつことになります。もちろんそれは原子、素粒子の微細レベルまで「ワレ光なり」の波動が刻まれていることになります。

宇宙に存在する全ての物質は、金太郎飴のように、ミクロからマクロまでどこを切っても等しくその律動が刻まれていることになるのです。

宇宙が、大創造神の「愛の意志」で発生したならば、私たちも、また草花も「愛」の形質をもつということがいえるのです。

私たちは、もっと素晴しい人生を、もっと楽しい人生をつむ必要があります。それは私たちが楽しめば、細胞も楽しく嬉しく響きあうからです。もちろん人間の集団である会社組織も、もっと喜び合えることになるのです。さらに大きな広がりをもつ日本という大地も喜んでくれるのです。わたしたちが良性な言霊を発し続け、輝いて生きていると、地球も宇宙も輝いてくれることになるのです。

人付き合いは豆腐のごとく

ＴＶの歌番組などを見ますと、歌手はノリノリで、全身で喜びを表現していますね。安室奈美恵、矢沢永吉、サザンオールスターズ……、嵐でもＶ６でもいいですが、顔を足元に落として、胸を屈《かが》めて声小さくボッソリと歌う方はまずおりません。

満面の笑みと、躍動感、自己陶酔くらいに燃えているから盛り上がって、ノリノリになります。ノリノリだから、歌手も客席側の細胞も元気印になって、立ち上がってウェーブすら起こります。

歌手で暗いパフォーマンスの方はおりません。第一、暗ければお客様がついてきませんし、逃げたくなってしまいます。

私たちの日常会話はいかがでしょうか？　胸を張って笑顔で、ステージの歌手のようにノリノリで話していますでしょうか？　歌手のノリノリ状態なら、客席を元気にするように、目の前のお相手に明るい気を与えることができるのです。まずこちらが「元気一発！」であることが基本です。

ここで、俗世にペシャンコにならず、積極的に生きる言霊を紹介します。

①　追求する厳しさと、現実に対する謙虚さを。仕事を進める中ではせめて謙虚に。
②　とらわれない、こだわらない、偏らない。心忘れてモノに走るなかれ。
③　自分を見つめる習慣を。遠くから自分の姿・行為をいつも見つめてみよう。
④　本当の敵、本当の目標は、なあに？
⑤　信頼はヒトを育て活性化する。そして愛は活性化の原動力となる。
⑥　成功体験の積み重ね、意念は時を超え、行為は時の中で鉱脈を発見する。
⑦　相手を想いやれ、相手の心と対話しろ、これが成功の秘訣。
⑧　サラリーマンになるな、上を見て仕事をするな。

⑨勇気は信念に裏打ちされて、初めて本物の勇気になる。
⑩楽は求めず、苦は避けず、苦を求めると苦は続く。
⑪ヒトが上に立ったら女性のスカート、下から見たら丸見え。
⑫己が成したと思うな、神様がして下さった。
⑬環境が変わっても変わらぬ人になれ、本物の自己は宇宙に通じるのだよ。
⑭全ての原点は感謝、ひとに生物に大自然に、そして全てを生かしているものに。
⑮勇気と実践、これがヒトと環境を変えてゆく。
⑯反省には自己不信という落とし穴もある。でも単なる願い祈りのすり替えは禁物。
⑰万物の視点で対象を眺めそして接する。宇宙から観たらどうなのか？
⑱感謝の心で接し、純正で穏やかな言霊。そして謙虚に耳を傾ける。
⑲彼もまた縁生の友。どんなにいやな相手に接してもそれは必然。
⑳嬉しいことがあったから楽しいのでなく、笑顔だから楽しさがやってくる。

人生の落穂拾いをしてみると、さまざまな座右の名言が浮かびます。その中のいくつかを紹介しました。

ヒトとお話をするときは、笑顔で元気でお話しなければ失礼ですね。そうでないと、こちら側の暗さが相手を包んでしまいます。

湯豆腐をいただくときには、ハシでそおっと持ち上げませんと崩れてしまいます。優しく、愛《め》でながら口元に運ぶのです。すると、形も崩れず旨いことお口の中で豊かさが広がります。

人様とのお付き合いも、豆腐を運ぶように優しく接しておりますと、お互いが気持ちよく、出しゃばらず、丸くなって永続きするものです。

夫婦円満の秘訣

男と女とでは、小さい頃から好きなおもちゃや嗜好が違うようです。男の子は、自動車や電車が好きで、かたや女の子は、お人形や楽器に興味をもつようです。

男女それぞれ、行動の中心軸が左脳系と、右脳系のように違うのですから、第五章の「人生100点を求めない」に書いたように、パートナー60点主義で十分なのです。お互い喜んで違う趣味を持ち、なにも趣味を強制することもない。

趣味とはご自身の感性が欲するのですから、妻がテニスで、旦那さんが野球好きも大いに結構。ともにスポーツ好きで健康にもいい。それを一方が中傷するからおかしくなる。子どもの面倒は交代でして、夫や妻が試合に出られて、優勝せずともいい成績ならお互い大いにほめましょう。ほめられれば、自分の道を認められたことと同じですから、言われた方は嬉しくなる。さすればそのパートナーがさらに好きになる。

「父、見捨て、倅プレステ、母エステ」なるサラリーマン川柳もありますが、家族がバラバラで、それぞれが物質枠にはまって、小さく生きてもつまらない。

家族とは24時間のうちの大事な数時間を毎日過すのです。家族の笑顔こそが、明るい自分の人生に反映する。特にパートナーは合せ鏡ですから、毎日何度でも、素敵な言霊を繰り返し家庭に響かせましょう。

「ありがとう」、「おめでとう」、「おいしいねえ」、「よかったわね」、「大丈夫だア」、「おかえりなさい」……。ご家庭の中で明るくはっきり、どんどん投げかけましょう。

たったひとりの孤島生活なら、衣食住、生命を維持すること、全部を自分ひとりでやらなくてはなりません。それを料理にしても、新聞を取ってくるのも、お給料をいただくのもパートナーがしてくれたら、ありがたいことです。

ところが、人間、段々甘えが出てきて、パートナーがお茶を入れるのが当たり前、庭の手入れをするのが当たり前、お給料を持ってくるのが当たり前になりますと、美しい明るい言霊も出てきません。その言霊が響かないと、家庭が明るくなりませんから、ご自身が損になるのです。

お医者様から「あと半年の命」と宣告されたら、私たちはどう生きるでしょうか？お仕事をそのまま続けるでしょうか、それとも故郷に帰って親孝行をするでしょうか。おそらく本当に自分のしたいことをするに違いありません。これまで通りの惰性で生きていれば、今のままですから、本当の自分、命を輝かす自分を求めるはずです。そして家族から、あんなことも、こんなこともしてもらったことを想い出すでしょう。そしてその家族に、何の労《ねぎら》いの言霊もかけて来なかった自分を発見するでしょう。だから死を目前にすると、家族にあらためて感謝の心が湧いて来るはずです。

日本とは言わば、「物質と精神の二本」です。物質文明の次に来るものは、「物質」と「精神（意識）」の統合融和の世の中でありましょう。さすれば奥さまは、善き言霊を家庭内に絶えず放つことによって、神性遺伝子をスイッチオンさせるのです。そして女性の感性の奥深くにある真の精神性・融和・育み・進化・本音・あるべき姿を、家庭にも社会にも、国にも地球にも展開していく使命があるのです。

男性も同様に、素晴しい言霊をご家庭に職場に放ち、自らの神聖遺伝子をスイッチオンするのです。ややもすると目先を追った物質指向に走りがちな社会構造に待ったをかけて、「霊主心従体属」の本来の自己に務めるべしです。そして奥様の直感やあるべき論に耳を傾け、心を共鳴すべきなのです。

　女性をもち上げているのではありません。時代は、言霊の音成《おとな》る音成（おんな）の時代にはいりました。女性はますます真の使命、天照《あまて》らす心が発揮されなければならないし、男性はますます謙虚に耳を傾け、受け入れる心が求められるのです。

　神聖ご夫婦こそ、「物質と精神の二本」、神聖日本の原型なのです。

　古代のヤマトは大自然の恵みに感謝する民族だから、そこには母性社会、「母なる日本文化」が必然的に生まれました。

　日本の七五三やお節句ほか、年中行事や祭りなどの土着の風景には、「村民一体の融和」と「神への感謝」が一つになった母性農耕民族の足跡がそこかしこに見られます。

　西洋民族は狩猟民族ですから、やられなければやられる個人主義。日本が母性民族なら西洋は、父性騎馬民族とでもいえましょう。

　天津霊継ぎとは、精神主体・融和に根ざした霊体の後継者という意味ですが、ヤマトは大いなる和と書くように、母性社会を作ったのは、天津霊継ぐ日本の国土の自然の成り行きだったのでしょう。

　第五章で、夫婦とは前世からの因縁をもつ存在とお話しました。男と女は、一つ頭の左脳と右脳であって、女性は男性性を学び、男性は女性性を学ぶようになっているのです。そこにいきなり、まるで性格の違う赤の他人を巡り合せると、人生が混乱してしまいます。そこでお互いに課題をクリアできるレベルの男女を夫婦とする。それは、前世から縁ある方々を今生に配しているのです。つまり夫婦とは、ベターハーフなのです。

夫婦とは、互いに自分の陰であって、男は女を、女は男を学んで、陰陽を統一させて神化へと向かうようになっているのです。自分の心が創った「陰《かげ》」を口撃できますか？　それは、自分の心を攻撃することと同じです。「陰」を認め成長させて、やがて、かわす目と目で話が分かる。いつまでも夫婦間で感謝の言霊を投げかけましょう。そして年をとっても小綺麗にしましょう。そのほうが、お互いに惚れ合えます。パートナーとは自分の心が創った「陰」なのです。

宇宙を味方につける

夫婦間のつまらない諍《いさか》いは、互いを個と個、自他の「相手」とみることから起こりはじめる。妻や夫はわが「陰」、己の心のカガミの反映です。また、相手のその言動が「嫌なやつ」と映るのは、自分の内なる意識の内容でした。

夫婦間でなくとも、全ての環境で自他相対の世界を創るのは、分離の元。愛があれば憎しみもある愛憎、そして損があれば得がある損得、いずれも相対の世界です。

自他の区分がある分離の世界ではまず、自他の比較をつくる。やがて双方のモノの過不足を疑い、「信じる」「信じない」と互いをいさめ、相手への否定が行過ぎれば、破壊を生む。

相対の世界を超えるには、外なる世界や相手は、自分の「心の陰」と見抜くこと。己の内なるカガミの反射、相手は「己の陰」と見抜けば自他は無い。

自他とは本来無いのです。主観の心で相手の美醜、好悪、善悪を決定しているのですから、すべては自己が作り上げた現象（陰）と分かる。

「不幸になる秘訣」それは簡単で、神性自己（真我）を否定し、共生すなわち『一つの命』である地球意識・宇宙意識と離れて生きればいいだけです。

「幸福になる秘訣」それも簡単で、自分にとっても、相手にとっても、地球にとってもいいことをすればよい。

宇宙と一体になって共鳴し、嬉々として、生き生きとして今を存分に受け入れ認め、生命を全うすれば、わが身の細胞も、地球も、宇宙も、躍動するのです。宇宙は歓喜、躍動、共生の進化の共鳴が本質だからです。

太陽系は、地球のために存在しているといってもいいかもしれません。太陽の光、熱エネルギーは、地球上の全生命体の維持に欠くことができません。

地球上の空気は、地上に棲むあらゆる生命体に満遍なく活力を与え、その清風は大地を駆け巡ります。生命体にとって、欠かすことのできない「命の水」も、この地球上に満々と蓄えられて、生きとし生けるもの全てに利用される。

月は重力の干満《かんまん》の波を、まるで呼吸のように38億年変わることなく地球上生命体に送り続けて、月の引力、つまり海の干満のリズムを与えて、魚類の産卵はじめその生命活動を促します。

大宇宙・太陽・地球は、地球上の生命体に、いのちの必須要素を与えるだけで、見返りを一切要求しません。

この「与える」という宇宙の大摂理のように、ヒトは他人《ひと》に与えることによって、大いなる喜びを感ずるのです。天の理と同じ生き方をすれば、宇宙を味方に付けることができる。

与えるというその喜びは、清々《すがすが》しく溌剌として自分の魂は輝きはじめるのです。それは大宇宙と共鳴するからです。大宇宙と共鳴すると、大宇宙は生命のエネルギーを降り注いでくれるのです。

大宇宙・太陽・地球から与えられている今の環境、その輝ける今を肯定し積極に生きねばウソでありましょう。生命という結晶体は、存分に楽しく、快活で、一切を受け入れ、生命を謳歌するよう神から与えられたのです。むろん魂磨きという自己修行が無ければ神化はありえません。ですから、つまずきと一見みえるものは人生神化の素材なのです。

生きる意味はといえば、快活・喜び・充実を喜んで受けることであり、また、ありとあらゆる状況を「受け入れ認める」ことです。その上で、さらに「与える存在」へと、神に向かう神化の修行なのです。

故に、天敵すらも受け入れ認めることです。そうでなければ、与えもせず、共に喜びもせず、分離のままでは魂磨きはなく、使命である前世の業は解消されません。

今という一切、今という果実の感動を十二分に受け取り、主体である心という意識世界が、生き生きと輝いてこそ、「与えた存在」への恩返しであり、その中心核の魂のエネルギーは補強されます。いつも大宇宙と大共鳴すべしであります。

天は常に魂磨きの素材を提供されている。波は押し返せば押し寄せる。逃げようとする波動には、自分がもつ魂の疵《きず》に関連する波動が必ず追いかけてくる。

天敵を避けていれば、この世の課題は終わりません。次々と展開される人生のさまざまな出会いと環境変化は、己の魂磨きの素材ですから、その素材をどこまでも許し、大愛で包み込むことなのです。

大宇宙エネルギー本体は、私たち子神の魂磨きの素材を、随所適所に配置してくれています。

故に「天は常に最良にして最大の今を与えている」と看破し、「全てから学ぶ」とするのが日常大事なのです。

人生に無駄なことなど何一つありません。一切が必然であり、偶然など無いのです。紆余曲折すれども、進化のための螺旋階段。日々の小さな螺旋の循環を通じてやがて、愛・調和・感謝を保ち、大いなる神化に向けてその魂を浄化し続ける。

神エネルギーがあって、現に自己が存在し、そのエネルギーゆえに虚空に自己特有の想いという画像を描くことができます。その下絵の画像は目的意思を伴って変化し、自在な想いを塗りつけてゆく。膨らむ想いは言霊となって動機・意思なる目的を心に固定把持する。

嘘偽りのない、心の奥底からの純正なるその言霊こそが、日々の行為の原動力となるのです。

即ち観念や想いという行動の下絵は、言霊の力を借りて、この三次元事物を現象化させているのです。逆に言霊が無ければ、動機・意思はまとまらず、行為の元にはならず、したがって意志を伴った創造的な現象は姿を現しません。そうであっては、この世に神意識をもって、現象を創作し、その創造の自由性を楽しむ自己という存在は意味をもたないことになってしまいます。

人は幸福を求めるのではなく、幸福であらねばならぬ存在なのです。ヒトは言霊という神から与えられた光である「神名」を駆使して、神の直霊つまり絶対良心に生きれば幸福は必然なのです。霊止は魂の中に既に偉大なるエネルギーを与えられている神の分霊、分け御霊《みたま》たる子神です。

子神なることの認識があれば、そこに不幸は存在せず、ただただ与える愛と調和と感謝に裏打ちされた行為あるのみなのです。

人生に直面するさまざまな障害は神化のハードル。障害なくば神化、克服を感じません。事後振り返って、その障害が神化のための道標であったと気付くのです。

大宇宙の心に沿い、心の奥底からの言霊を、愛他・感謝の念から発すれば、宇宙の神化法則から一切は善の方向に作用し、あるのは幸福の結果のみなのです。

第八章　言霊五十音は神名です

龍体列島「日本」　：　鈴木　俊輔　作

日本は太平洋、昇る朝日に向かって吼える龍体です。國常立大神様の形象が「龍体」。その龍の心を、日本人全員が等しく頂いております。

目は阿寒湖、胸のチャクラは諏訪湖、お臍《へそ》の部分が琵琶湖となります。

世界の雛型である日本が、龍神の心で「世界を意識変革」する美しい言霊を発進しましょう。

あわの成立

ア行をイザナキの精神系、ワ行をイザナミの物質系と第一章でご案内しました。それを般若心経の「空」つまり見えないエネルギーと、「色」という見えるこの現象界と例えてもいいですね。

もう一つの見方は、「天と地」と書いて「天（ア）」と「地（ワ）」に比定することもあります。ですから「ア・ワ」というのは、天地の意味でもあります。天空は先がずっと遠く長くて、なかなか見届けられません。一方、地は、直ぐ足元が地面ですから容易に見ることができます。さすれば、「ア」と「ワ」の意味するところは、「天と地」、「空と色」、「精神と物質」、「波動性と粒子性」、どれも同じといえましょう。

秀真伝文（ホツマツタエフミ）という古文献はホツマ文字という、もちろん漢字が輸入される遥か以前の古文字でしたためられております。江戸時代の古神道家、小笠原通當《おがさわらみちまさ》が初めて世の中に公開したと聞きます。そこには、五七調の素晴らしいリズムで言霊を刻んだ神々の世界が膨大に描かれています。そのホツマに「天地（アワ）の歌」という上句二十四音をイザナキが歌われ、下句二十四音をイザナミが歌われている部分があります。

「アカハナマ　イキヒニミウク　フヌムエケ　ヘネメオコホノ
　モトロソヨ　ヲテレセヱツル　スユンチリ　シヰタラサヤワ」

イザナキさまは「ア」を含む二十四音を詠うことによって天となり父となり、イザナミさまは「ワ」を含む二十四音を詠うことによって地となり母となります。そして「ヤ」（イヤサカであり数霊の八、ヒトのこと）の道を養育されたのです。

ホツマ四十八音は、言霊五十音（ヤ行の重複音を削除）と同義であって、のちの「いろは四十八音」（いろはにほへと　ちりぬるを……）も同属なのです。この五七調は、三五七調とも類して、代表的な宇宙のリズムなのです。ここにも生命の誕生を祝うお宮参りの七五三の原型があるのですね。

さて、イザナキさまの前節は「天地開明の今ここに、天意（あい）の神霊エネルギーを発して、神の息吹をこの世に顕現せしめ、不動の永遠なる大法則に沿い、その栄光を展開しよう。地の果てるところまでも、神の芽を行き渡らせ、本質世界を起そうではないか」

それに続くイザナミ様の後節は、「もと依り、それは望むことで、そなた様とともに全霊を傾けたいのです。しかし玉の緒にしがらむこの世の罪穢れをどのように整えましょう、それらは素の元に戻し、天の理に基づいて浄化へと導きましょう。この子

らが宇宙意識へと目覚め大調和の魂に落ち着くまでじっと待つことにいたしましょう」（鈴木俊輔　天啓意訳）

「ア」からはじまり「ワ」で結ぶ、ホツマの「あわ歌」は、魂の父と母の御心です。

ホツマ原文では「アワの歌、かだ垣打ちて、弾き歌う　自ずと声も　明らかに
五臓六腑《いくらむなわた》　音声《ね》分け　二十四《ふそよ》にかよひ　四十八《よそや》声　これ身のうちの　めぐりよく　病
あらねば永らえて」とあります。

つまり、この「アワの歌」をとなえると、生命の根幹に響き、内臓も活性復活するということです。

第一章で解説したことを、少しおさらいします。

ア・オ・ウ・エ・イの「ア行五大」は主観自己の精神内容です。「ア」は純正自己そのもの。「オ」は経験知性、「ウ」は勇気判断、「エ」は菩薩の智恵、「イ」は物心一切を存在なさしめている「大生命意志」であると同時に「魂の本源」でした。

ワ・ヲ・ウ・ヱ・ヰの「ワ行」は精神に相対する「物質界」を意味します。「ワ」は肉体自己、「ヲ」は命の水、「ウ」は塩・ミネラル群です。そして「ヱ」は火・渦であり、「ヰ」はこの生宮《いくみや》、地球そのものです。

「ワ行」の現象客体（イザナミの世界）は、「ア行」の思索創造（イザナキの世界）

から誕生した客体です。つねに霊体精神が先行し、客体が誘導されるのです。つまり言霊があって、それが現象に結ばれるというプロセスをとるのです。

精神次元と物質次元の一大調和、それが「アワの繋ぎ」です。「アワの歌」も天と地、父と母の生命の原図がそれであり、このア行とワ行の父と母から子音の世界が誕生したのです。言霊五十音（ホツマにあっては四八音）が生命原図であるのです。

しかし、イザナキの世界もイザナミの世界も太古のことをいっているのではありません。右の手が「イザナ気」、左の手が「イザナ身」に比喩されて、常にわが身に継承されているのです。

神社で拝礼して、ハッシと打つかしわ手は「気」・「身」二神への感謝であり、大調和のカタチを意味するのです。左手だけでは音にならず、右手だけを振っても音は鳴りません。

気（精神）・身（物質）両次元の調和は、神に対する感謝拝礼が大前提であって、その両の手をハッシと打って、心身の調和が図れ、また魔払いの音霊（おとだま）となるのです。心の中には、祓っても「うぬぼれ」の情感が、「これだけやったのに」という見返りの心が、いつの間にか侵入しています。両手を合わせたゼロ次元、その音鳴る瞬間に浄化がなされるのです。神化の拝礼とは、素の元への回帰であったのです。

宇宙は常に「今・ここ」であって、単に神話の世界を夢想しても気身二神の本義は果たせません。父母の本義は常に、今、ここであって、意識をまとめている「言霊」と共に今の瞬間を生き生きと輝いて生きることにあります。

あかさたな　はまやらわ

大生命意思（イ）さらに、その宇宙本源次元（超ヰ）から、あらゆる生命、物質、多様なエネルギーが発生しました。ビッグバンは150億年前といいますから、おそらくその頃でしょうか？　それに先行して、神のコトバが放出されたのです。

宇宙からまず、「ア」、「ワ」二神が放出されます。やがてア行、ワ行へと、ア・オ・ウ・エ・イそしてワ・ヲ・ウ・ヱ・ヰの十神を見出すのですが、イ―ヰ段（50音図のイとヰにはさまれた下段）キ（K）・シ（S）・チ（T）・ニ（N）・ヒ（H）・ミ（M）・イ（Y）・リ（R）の子音の元になる親音が放出します。

母音世界（ア段）や半母音世界（ワ段）を光の赤外線領域というのなら、この親音（キ・シ・チ・ニ・ヒ・ミ・イ・リ）は紫外線領域とでもいった、性質の違った波動をもちます。

「純正」・「信念」・「希望」・「創造」・「愛」・「勇気」・「進化」・「調和」の宇宙弦律八波動がその正体です。大生命意志は、人のさまざまな体験を無私無条件で受け入れ、その多様さを取り込んで楽しんでいるのです。また一方で自ら誕生したヒト、その神化を心静かに待っています。

しかし、小神が邪の方向に行かぬよう直霊（魂）の波動にK・S・T・N・H・M・Y・Rの八玄律を神の属性として与えておいたのです。親音の親とは、そういう意味なのです。

K・S・T・N・H・M・Y・R、それ自身の言霊は「無音」です。有音の響きをもちませんが、純正・信念・希望・創造・愛・勇気・進化・調和という高次の波動エネルギーがその親音の正体で、これを宇宙玄律ともいいます。

大生命意志（イ）の形質をもって、はじめてKI、SI、TI、NI、HI、MI、YI、RIの有声八音があるのですが、言霊五十音では下津磐根（音）、つまり音図の最下段のイ段が構成されているのです。大祓えの祝詞にも「下津磐根に宮柱太しく建て」とありますように、磐根が建設物の基礎であって、人心の基礎たるところであるのです。大生命意志による下支えというところに親音の意味があるのです。

また、八咫《やた》の鏡、八尺《やさか》の勾玉、八握《やつか》の剣、この「八」の意味するものは純正・信念・希望・創造・愛・勇気・進化・調和の八大玄律といえるのです。

さて人間界が、宇宙の同胞、全ての存在を受け入れ、それらの個性を認め、自己もまた他も一大調和で発展する型血（カタチ）を言霊音図に残す必要があります。「ア」から「ワ」を繋ぐ生命の河です。

「カ」（回動）、「サ」（共栄）、「タ」（拡大）、「ナ」（凝縮）、「ハ」（建設）、「マ」（中道）、「ヤ」（感謝）、「ラ」（進化）であってそれぞれが子音のダイナミズムを担当します。

アルファベットのK・S・T・N・H・M・Y・R無音の八大玄律はそれぞれ、勇気・純正・信念・調和・創造・愛・希望・進化の順に対応します。

つまりア行という、「吾（あ）」から「我（わ）」に到る生命の河は、イ段の下津磐根である親音の宇宙玄律に支えられ、エネルギーをもった「力の回動」、しかもなお「共栄」という基底を忘れず、さらに「拡大」し、こころは拡散し消滅することなく「凝縮・維持」され、常に「建設」にむけられ、「中道」を歩み、「感謝」の心を忘れずに、「進化」へと向う。これが「あかさたな　はまやらわ」の生命の河です。

この生命の河は、つねに「中今（なかいま）」の瞬刻瞬刻を溌剌と生きることであって、過去に拘泥することなく、また未来を夢想することでもありません。主体自己（ア）の発動はつねに「今」であって、命の燃焼は、常に「中今」にして、存分に一切を受け入れ、認め、楽しみ味わい尽くすことです。その今の認識の連続が、あたかも「時」を連続状に認識させているだけなのです。言霊は、今この瞬間に発せられ過去に消え、今の空気はこの瞬間に体内に取り込まれて、過去の空気は陰《かげ》で消滅します。

子音三十二神の成立

ア―ワ路の（ア）・カ・サ・タ・ナ・ハ・マ・ヤ・ラ・（ワ）、アからワに向う子音は開動（カ）・共生（サ）・拡大（タ）・凝縮（ナ）・建設（ハ）・中道（マ）・感謝（ヤ）・進化（ラ）と前節で解説しました。

下津磐根のイ段、キ・シ・チ・ニ・ヒ・ミ・イ・リの八音、すなわち勇気・純正・信念・調和・創造・愛・希望・進化の宇宙八大弦律をもって、この数霊八をかぶせて八咫の鏡、八尺の勾玉、八握の剣という三種の神器が誕生することになります。それは、ムー大陸沈没以降、約２６７０年前の神倭磐余日子《かむやまといわれひこ》（神武天皇　神ヤマト一二五代の初代）が台頭するまでの間、ウガヤフキアエズ朝時代に創作された神器です。

とりわけ神器、八咫の鏡がヤマトの基調原器として多くの神社にも宝戴《ほうさい》されるのは、鏡は世を照らし、わが内なる意識を、物質現象界に移し、反映するという言霊五十音図の原器であるということからなのです。もちろん神社では不可欠なものになっていますね。鏡が神の依り代（よりしろ）、つまり神の波動の収まるところという意味です。

古代の神々は、宇宙の全景、生命の哲理を、五十の基本波動にまとめることができたのです。それが、言霊五十音図ということです。

「ワレ思う」という自覚作用と、創造作用、共生作用が、仏陀の三菩提一切種智です。人類という種をかくならしめている最高の智という意味が種智ということです。

つまりヒトがヒトであるという自覚は、三菩提（自覚作用、創造作用、共生作用）の三要素で、その三要素をフル回転させ、例えば愛、真、導、開などの心の全景を見出していったのです。もちろん神々の光がその五十心を照らし、五十神となって住み着き、言霊五十音を定着して行ったのです。先のアワの歌も五十神（48音）です。

生命哲理である、一つひとつの音霊（オトダマ）は、磨けば光る玉（勾玉）のようであり、多様に変化する「ココロ」に比喩され、後に勾玉を作り出しました。神意を探れば、永遠に光る「玉」、それが「こころ」の意味です。

言霊五十音図を右脳・左脳の全脳力と霊的な意識で解析・分析し、その言霊五十音の光と智を、「わが意識の裡《うち》なり」と意識覚醒するのは剣の作用、即ち人智判断です。無蒙《むもう》ではなく痴鈍《ちどん》でもなく、分析し判じ断じるのが剣（八握の剣）の意味なのです。

ヒトは「いのち」と「こころ」と「からだ」の三体をいただいて生命活動を営んでおります。第四章（図6）参照。

言霊五十音図が生命の鏡であり、音図の言霊一つひとつ、その神々との接点を司り活用するのが心。剣は、現象の判断であり、こころの作用である動機を言霊として放出する勇気をも担当するのです。

ア行の精神系ア・オ・ウ・エ・イ、五母音とワ行物質系ワ・ヲ・ウ・ヱ・ヰの合計十音、そして下津磐根のK・S・T・N・H・M・Y・R無音の八大玄律、勇気・純正・信念・調和・創造・愛・希望・進化、その合計十二神にはさまれた宇宙空間に、子音三十二神が誕生することになります。

この三十二とは上顎と下顎のヒトの歯の総数でもあります。歯科医は、ヒトの歯の総数が何故32本であるかを知りません。知らなくても医療行為はできます。しかし神が、自己に似せて人をつくり、かくこのように構成してきたのは理由があるはずです。つむじの渦、五指、ヒトガタ五大しかりです。ちなみに渦も五芒星《ごぼうせい》も進化を意味し、それはア・オ・ウ・エ・イの五母音の鋳型から誕生したからに他なりません。

原子番号32はS（硫黄）です。黙示録最終章「硫黄の海に投げ込まれる」とは、「霊止（ヒト）」としての存在意義、「われ神なり」に気づかない亜人は再び、この下津磐根と母音、半母音の無い、三十二界の現象界に投げこまれるという黙示なのです。

三十二神は、現象界を構成し、意識と物質との間を飛び交うサプリメントです。

時間とは、去ってまた来るもの、「去来」と称すれば「ココロ」と読ませるようでもありますね。

主基田と悠基田の神々

言霊五十音のアオウエイとアカサタナにはさまれた五十音図の前半分、二十五の神田《かみだ》を主基田（すきでん）とも称し表2に示します。また表3には後田（こうでん）を示し、アオウエイとハマヤラワに挟まれた二十五の神田、それを悠基田（ゆきでん）と称します。

宮中の主基田と悠基田には、潤う大地（ウルチ）と、古代の霊系を敬い祀る百血（モチ）の両田にそれぞれのイネを植え、また十一月二十三日の新嘗祭《にいなめさい》にはその収穫米を供え祭ります。もちろん天皇自らが祭主で、天地大神霊に地球大地の豊穣を感謝

表２　言霊五十音図（前神田：主基田）

ナ（凝縮） 成・納・名 言葉の飛交い 21	タ（拡大） 田・多 大な事押進む 16	サ（共生） 佐・栄 鳴響くさま 11	カ（開動） 力（ちから）・ 果 判断分析力 6	ア 吾・天 1
ノ 宣・能・祈 言霊宣り治る 22	ト 統・戸・十 統であり始 17	ソ 祖・組 霊水の配り 12	コ 子・凝 大に宣き都 7	オ 緒 2
ヌ 貫・野・沼 波動の展相 23	ツ 津・通 押分け出づ 18	ス 素・主 天御中主求心 力　13	ク 久・供・九 圧縮、アワの気 8	ウ 宇 3
ネ 根・音 精神の響き 24	テ 手・出 マナ風吹出る 19	セ 世・施・瀬 水の分与え 14	ケ 氣・毛・解 音集まり成る 9	エ 慧 4
ニ：N 煮・爾・似 調和 25	チ：T 地・道・血 信念 20	シ：S 支・志・仕 純正 15	キ：K 氣 勇気 10	イ 意 5

し、またその霊系の清らかなることを報告するのです。

主基田の二十五音の中心は「ス神」すなわち「主」であり、後田である悠基田二十五音の中心は「ユ神」を祀り上げます。

現象の全てを誘《いざな》う主基田の十六子音を少し解説してみましょう。

「カ」はチカラ、エネルギーで「力」、「(結）果」、「化」、「可」、「火」などの表音から状態変化の様相が読み取れましょう。古事記、国産みの順から敢えて神名をふれば大戸《おおと》

表３　言霊五十音図（後神田：悠基田）

ワ：我 和、輪 46	ラ（進化） 螺、腹 螺旋・進入 41	ヤ（感謝） 弥・邦・矢 本源の放ち 36	マ（中道） 真・間 判断の空間 31	ハ（建設） 波・葉 コトバの要素 26
ヲ（水） 47	ロ 路・炉・呂 魂魄への浸透 42	ヨ 与・善 脳内無発生音 37	モ 降・茂・百 天降る補助 32	ホ 穂・帆・保 言霊の維持 27
ウ（塩） 48	ル 留・流 輝く内部入る 43	ユ 湯・湧 霊と息湧出す 38	ム 無・胸・六 アリの微かな種 33	フ 吹・浮・分 音発す息 28
ヱ（火） 49	レ 令・礼 心霧状の伝え 44	エ 映・絵 言語への変化 39	メ 芽・眼 慧の具現化 34	ヘ 方・舳 言霊の結合 29
ヰ（地） 50	リ：R 理・利 進化 45	イ：Y 位・意 希望 40	ミ：M 水・身・美 愛 35	ヒ：H 日・火・霊 創造 30

惑子神《まどこのかみ》が相当し、言霊の意識下の固定と分別という啓示を神名から受けとります。

「コ」は「子」、「個（体）」、「凝」というように力をもって凝縮された「エネルギーの子」、そして「神の子」の意象です。神名は大宣都比売神《おおげつひめのかみ》で大いによろしき都と、三十二神の子音達の外見的代表とでもいえましょうか。

「ク」は九、「久」、「宮」、「供」、「(手)繰」発生音からは胸の詰まるような「圧縮性」をおぼえ、語彙からは時間の連続性を感じます。神名は沫那気ノ神《あわなぎのかみ》。これらのことから気エネルギーが圧縮された様相とみられます。例えば名詞の「さくら」は、生命エネルギーが支給（サ）され進化（ラ）に向かうと啓示され、クラ（蔵）とは単に部屋ではなく、進化のための圧縮エネルギーなのです。してみれば大祓えの「千座（チクラ）の置き倉」とは進化のためのエネルギーがギッシリ詰まっている倉であることから、「脳幹」と判断されます。

「ケ」は速開津彦《はやあきつひこ》、「毛」、「解」、「卦」という意識の微細な変化です。「カ」行全体がエネルギーであることから「ケ」は意識変化のエネルギーであるともいえます。

「キ」は「気」、「木」、「（土）器」、「（分）岐」で下津磐根の「K」の波動は「勇気」を意味する。「キ」が含まれる合成音はすべてエネルギーの発露がもたらされます。

「サ」は「佐」、「栄」であり、国之狭土神《くにさどのかみ》が担当する。すなわち国土共生の素因が言霊「サ」なのです。

「ソ」は「素」、「祖」であって、水配《みずまく》り霊水の配りと響く。神名は国之水分神《くにのみくまりのかみ》。素とは大生命意志の素顔である。ゆえに素直はもっとも美しく純粋です。啓示によれば万物生命の物質素が霊水（HとOの合体形）で、酸化の大元（酸素）と還元の大元（水素）が仲良く結合しています。

「ス」は「主」であり、「マルチョン」であり、天御中主神《あめのみなかぬしのかみ》の統合調和力を指します。

この主神が、前田、主基田の中央に配座されるのです。天御中主神が三十二神の霊格に配されるときは、三十二神内の神名、頬那岐神《つらなぎのかみ》と化身します。統合調和力が「ス」の主なる作用です。

「セ」は「瀬」、「施」、「世」がその内容を示します。与える、集まるという意味であり、世の中自体が本来、与え合いの意味をもつのです。国之水分神《くにのみくまりのかみ》が神名で、「命の水」生命エネルギーを無償で分け与えるということです。

「シ」は「支」、「仕」、「志」、「知」の漢字に言霊ルーツを見ることができますが、仕え徹する心の態様が元となります。下津磐根の「S」の波動は純正です。

「タ」は「田」、「立」、「建」、「多」がその内容を示し、拡大する時空の意味です。大事忍男神《おおことおしおのかみ》が担当し、大いなること押し進めるが言霊の実相です。

「ト」は「統」、「十」、「戸」に代表される、ククリであり入口でもあります。石土毘古神《いわどひこのかみ》の属性は統一でありはじめであります。そしてヒト意識の様相は、脳幹内の振動から始まり認識もそこに帰結します。

「ツ」は「津」、「都」に代表されます。津は港の古語であり、船が集まり出て行く所を意味する。大戸日分神《おおとひわけのかみ》は、押し分け出て行く姿をあらわす。

「テ」は「手」、「出」というように作業する事象。天之吹男神《あめのふくおのかみ》、その性質は「真名」

が風吹きいで行く姿。新らしきものにダイナミックに転ずるを意味します。

「チ」は「道」であり「血」、「地」であって生命のルーツへの回帰を意味する。下津磐根の「T」の波動は「信念」であり、大生命意志と自己との一本のパイプであって、「ワレ神なり」を覚醒させる重要な波動です。宇比地邇神《ういじにのかみ》が担当します。

「ナ」は「成」、「名」、「納」と説かれます。その真意はエネルギーの凝縮であり、担当する鳥之石楠船神《とりのいわなふなのかみ》の属性は、鳥（言霊）飛び交い、香木の舟木に宿るの意。

「ノ」は「野」、「宣」、「乗」、「祈」で、ココロを広く波に乗せる所作。天之闇戸神《あまのくらとのかみ》は、言霊の宣りを聞いて、かつ治まるを担当する。カタカナの「ノ」のカタチは滑り落ちるという意象で、純正な波動が、形を創作していくという様相です。

「ヌ」は「貫」、「縫」、「沼」に表現されますが、時空間の展開の姿・貫きを意味します。沼は集中の意味で、水の集中、気の集中です。鹿屋比売神《しかやひめのかみ》が言霊「ヌ」、波動の伝わりを支配します。

「ネ」は「根」、「音」、「子」の表音に変化しました。「音」は言霊の響き、「根」はそのルーツを意味します。「ネ」が魂をゆすぶり、生命素としての言霊の潜在認識を与える作用。神名は国之闇戸神《くにのくらとのかみ》。一例で「カネ」とは神音《かね》、神の響く様であって、のちに鉦《しょう》（小さなカネ）、さらに大きな釣鐘に転じ、金属の「金」に転じました。

「ニ」は「爾」、「荷」、「煮」から承継して、最終的に煮詰まったもの即ち「汝（煮）」であり「荷」であります。場所と時間が限局された環境であり、「N」の波動は「調和」であるのです。阿弥可志古遅神《あやかしこじのかみ》が担当します。

さて、後田の悠基田十六神について解説します。

「ハ」神は大山津見神《おおやまづみのかみ》です。「葉」、「歯」、「端」とは、「全」を指向した「個」の概念、それが「ハ」であり建設の属性を持つのです。

「ホ」は「保」、「穂」、「帆」、「炎」から連想されるように言霊の結合と維持であって、融合物の維持、永続する時間的概念を伴うのです。言霊神は天之久比奢母智神《あまのくいざもちのかみ》。

「ホホ（頬）」とは従って、「穂保」であって終始笑顔が基本と知れます。

「フ」は「吹」、「二」、「風」、「分」など「ヒ（霊）」が「分別れ《ふわか》」に変化する態様をあらわすのです。志那都比古神《しほつひこじのかみ》は「科戸神《しなとのかみ》」とも称される気吹戸主《いぶきとぬし》です。すなわち音声として声帯から発する息（言霊）であり、意識と空気振動のミキシングマネージャー、それが気吹戸主です。同時に祓え戸の四神のお一人で、言霊とは「払えコトバ」として大変な威力をもつことも分かりますね。

「ヘ」とは「舳」、「方」、「平」など精神の方向性を意味し、道筋を誘導する言霊神です。国之久比奢母智神《くにのくいざもちのかみ》がそれです。

「ヒ」は「霊」、「火」、「日」が代表例です。自意識の本体であり、霊止の中に収まればそれぞれが個性あるエネルギー体に神化します。下津磐根の「H」の基本波動は「創造」です。

「マ」は、物質とエネルギーの境界なのです。言霊は後に漢文化に吸収されていったのですが、その精神意象は漢字に名残があって、その表音は言霊の判断を誘導してくれるのです。「マ」は「真」であり「間」で、担当神は大戸惑女神《おおどまどのめのかみ》。

「モ」は、「百」、「降（モ）る」、「藻」、「漏」、「茂」、「面」など、天から一面に降り落ち茂れる様を示します。繁栄の一種ですが、「閃き」、「智慧」という精神上の感得も「モ」の反映です。神名は久々能智神《くくのちのかみ》。言霊が「霊（意志エネルギー）」を能《よ》く持続するの意でもあります。

「ム」は「胸」、「無」であって、胸にしまいこむ、一見目には見えないが粟粒《あわつぶ》のように微細な形に姿を変えるの意です。また「夢（ム）」も現象の泡沫を見ていることと推察がつきますね。沫那芸ノ神《あわなぎのかみ》の作用が「ム」であります。

「メ」は妹速開津比売神《いもはやあきつひめのかみ》が担当し、「芽」、「眼」と知れば、智慧、生命の具現化であり、人体の位置で言えば眉間となります。啓示によれば、大祓祝詞に詠われる、祓え戸の四神の一人、速開津比売《はやあきつひめ》の正体はアジナチャクラであるといえましょう。

「ミ」は「水」、「身」、「実」であって「美」しき現象生命体であり、その命の中心要素。下津磐根の「M」の波動は「愛」です。生命そのもの自体が、愛であり存在自体が愛であるのです。この世に不必要なものなど一切ないということが、言霊世界を深く掘り下げていくと自然に理解されてまいります。

ところで、「怒」や「死」や「排」や「悲」などのマイナスの文字はなぜないのかと思う読者もいらっしゃるかもしれません。

エネルギーや、素粒子や、秩序や、循環バランスの世界に排他はないのです。原子に排他があれば自然消滅であり、天体は循環調和して、意味無くしてただ消滅することがないのです。つまりマイナスの負の感情の要素は、その一切をヒトが作り出したものです。ある意味で「思考」すらもエゴであるのです。従って、「明け渡し」という全託の瞑想がときには必要なのです。神社拝礼も基本は祓えです。

人の意識から分離感一切を取り除いたときに、醜い地球と思っていたのがそこにあったのは、ただ、天国であったと気づくのです。つまり宇宙に善悪なく美醜の相対なく、宇宙はただ真善美の一元だけなのです。

「ヤ」は喜びいやさか、の大屋毘古神《おおやびこのかみ》、「家」、「矢」、「弥」、「邦」が、矢のごとく飛びかう感謝の念、喜びの躍動が「ヤ」の本性です。ちなみに「ヤ」はヒトそのものでもあり、ホツマでは「ア・ワ・ヤ」それを「天・地・人」と観ております。

「ヨ」は石巣比売神《いわすひめのかみ》による「善」、「予」、「夜」であって、ハードな一日の休息の夜であり、植物はよく夜中に伸びる性質をもつ。脳幹内部の無発声音「ヨ」は吾が方向から、世界に向けての「与（アタエ）」であり、その中身は感謝と希望です。

「ユ」、これが後田の中心地点である悠基田の心臓部で、これは「ユダ」と読ませなくもありません。神名は風木津別之忍男神《かざげつわけのおしおのかみ》、古事記の神名でもなぜか、さすらう民族、ユダを連想してしまいます。「湯」、「油」、「悠」、「湧」、「勇」などが漢字からもたらされる意象ですが、煎じ詰めると、盛んに沸き立ち、とどまらずということになります。エネルギーの噴出状況が、「ユ」とでも言えましょう。

「ヱ」は現代表音には「エ」に吸収されてしまいましたが、「絵」、「映」というように意識の絵が口腔内で言霊に転ずる作用で、意識が現象界に反映されるプロセスのスタート段階です。大綿津見神《おおわだつみのかみ》が担当し、（良性）意識をこの世に反映・実現させる神様とでもいえましょう。

「ヰ」は大生命意志（イ）が下津磐根に姿を反映したときの波動です。「居」「位」「意」とみれば、焦点が定まった大いなる意志といえ、下津磐根の「I」の波動は「希望」です。

「ラ」は螺旋状に登る進化を意味します。ラ行全体がスパイラル構造をもっており、たとえば岡本天命の「日月神示」の霊示文字は、ラ行は「渦」で描かれます。天之《あまの》狭土神《さどのかみ》の「ラ」の作用は、「螺」、「腹」です。ところで「アタマでなく胆（ハラ）で決断」とは、頭の損得勘定でなく、信念生死をもった決断という意味です。啓示によれば「八螺《はら》とは八光なり」というのがあります。いうまでもなく下津磐根八光を「腹」に納めなさいという意味なのです。

「ロ」は「路」、「櫓」、「露」であって、「路」はいうまでもなく人道または神道を意味し、「櫓」は船を進める道具です。「露」はあらわになるという意味です。したがって身を呈し、路を前進するの意味です。神名は天之狭霧神《あまのさぎりのかみ》。意識波動が水に伝わり内部に伝わるという神意をもつのです。

「ル」神は頬那美神《つらなみのかみ》にして「留」、「流」を意味します。一見、相矛盾するようにみえますが「輝く内部に入る」という意味で、そこに入りとどまるという意味なのです。それは、言霊の流れ行くさまでもあります。言霊は神一元の「輝き」であることは言うまでもありません。例えば新宿の「アルタ」とは、「心のふるさと」と読めます。

「レ」は「礼」。「令」で、愛と調和の律令が「(心)礼」をもって流布されていくさまをいうのです。国之狭霧神《くにのさぎりのかみ》が担当で、天之狭霧神《あまのさぎりのかみ》が意識展開をしていくのに対し国之狭霧神は物質展開をしていくことを担当します。

「リ」はラ行の下津磐根で「理」、「利」。「R」の波動は「進化」を意味することは前述のとおりです。大宇宙の進化が宇宙の「理」であります。以上が悠基田の十六神、および下津磐根の内容です。

「ン」は「ア」から始まる「言語の世界」に対して「非言語の世界」を意味します。阿吽《あうん》の「吽」は目で意志を伝え、口を開く必要がありません。言霊五十音を一斉に放つと「ウンー」と響きます。神社拝殿前は口を開いた狛犬（ア）と、口を閉じた狛犬（ン）一対が境内を守りますが、言霊の世界と非言語の世界の象徴です。

現代の若者のように「ヤバイ」だの「ウザイ」だの「チョースゲー」といった言霊は言霊の本意ではありません。古代人は自然の感謝の表現、祈りの表現、こうした単純な誠心音だけであったのです。また個の願いではなく、全なる祈りであったのです。

古代にはマイナスの言霊がなかったのです。古代人にはマイナスの概念・思考がなく、言霊五十音図がマイナスの響きを一切もっていないのは、そうした純正な魂の「生命の哲理」だけで生きていたからです。

読者それぞれの氏名にも、神様が宿っていることを認識され、神名の作用を判読なさってみてください。

表2、表3にはそれぞれ、数霊を参考までに付しました。

例えば「カミ」はその数霊を足すと41数になります。ヒカリもキヨメも81数になります。これも意味のある数で伊勢神宮の拝殿の芯柱数四十一本であり、拝殿の横幅三丈六尺九寸（ミロク）に対して奥行きが一丈八尺に対応します。

1から順に81数まで縦9、横9の9×9の81数の正方枡に埋め、タテヨコ斜めの和算が全て369の表を得たときに、言霊のもつ数と、その位置関係を確かめてください。（369表の参考「ザ・フナイ」2010年6月号「叡智の中に秘められた鍵」鈴木俊輔著）

知から理へ、そして観へ

小・中学校の教育は、子供たちの脳への知識の詰め込みであるといえますね。塾にしても教科書を反復して、その記憶力を鍛えているのです。つまり受験戦争とは、どれほどの記憶を脳にとどめているのかが試される場といえます。このことは、大学受験も、会社の就職試験も総じて同じです。

「知識」とは、人類の長い歴史の間で得た経験知、物理数学上の定理や公理をさします。しかし人生で最も重要なのは、その方のもつ人間性や、行動力、そして、魂がもつ独創性や独自の閃きです。しかし、世の中のお父さんやお母さんも、学校教育が百パーセント良しとは思わないにしても、子供は先生方が何とかしてくれるという想いを託しているように思います。

ですが、学校の教育現場で起こるさまざまなイジメや、教室内での殺人事件すらもあるようです。本来、子供たちの心には、自分が学ぶためにはどうすればいいのかという自発性や、自分が元気よく生きるためには友達とどう付き合えばいいのか、大きくなったらどんなことをしたら輝けるのかが、少しでも見えてくる道筋を植えつけていきたいものです。

学校の先生にしても、自分が教えた教育の成果を判断するために、記憶力を試すことが必要で、「外から与えられた知識」を、子供たちがどれほど大事にしまい込んでいるのかをテストという形で試します。それは、致し方のないことかもしれません。ですがそれは、教育の成果のほんの一つを測るすべでしかないのです。過去のヤマト社会では、教育の評定とは、その子供の日常の言動すべてであったのです。

現代、「外から与えられたもの」だけを内側にいかに取り込んだか、これがこの世の世相の全景であるようになりました。それがやがて、サラリーマンの営業成果はじめモノ・金をいかに多くもてるかが、人間評価の基準ということになっております。

教育をはじめ、あらゆる記憶力テストが、その人物の能力全てを決定する物差しとなってしまったのです。「外から与えられたもの」が全てで、ヒトの内側にある感性や、この本の主題である「言霊」や「いのち」、「愛」、「感謝」、「調和」という心の物差しに価値基準をもたなかった学校教育に、強く反省を促すところです。せめて家庭では、美しい言霊に囲まれた徳育環境でありたいものです。

「知」とは、人間の生命哲学からいえば、実に浅いレベルでしかないのです。「知」の先にあるものが「理」といえましょう。また「知」のエッセンスが「理」ともいえましょう。

数学や物理は、神学から発展しました。キリスト教は神の絶対性を哲学のレベルから数理の世界にまで求めていったのです。物理数学の定理や公理には、自然現象の矛盾のないふるまいを表現することができました。ですがこの定理や公理も、真理の一部でしかありません。その数理の限界について「ゲーデルの不完全性定理」があり、今ではコンピュータを介した実践数学でもそれが実証されています。数学で正しいとは無矛盾性が根底なのですが、ゲーデルの不完全性定理によって、「正しくないことが証明できない」ことが証明されたのです。

ゲーデルの不完全性定理は数学基礎論における重要な定理で、次の二つからなります。

第1不完全性定理　自然数論を含む帰納的に記述できる公理系が、無矛盾であれば、証明も反証もできない命題が存在する。

第2不完全性定理　自然数論を含む帰納的に記述できる公理系が、無矛盾であれば、自身の無矛盾性を証明できない。

簡単に言うと、ある詐欺師が「私は嘘つきだ」と言ったとします。もし詐欺師の言ったそのコトバが「真実」なら「私は嘘つきだ」は証明できるが、「嘘つきなのに、真実を言う」という矛盾を生じます。

またその詐欺師のコトバが嘘だとすれば「嘘つきだ」と言うことは「真実」を話していることになる。つまり本当であるのに、嘘を話していることになる。

詐欺師の「私は嘘つきだ」というコトバが真実でも嘘でも、どのみち矛盾を生じてしまうのです。

以上から、公理の脆弱性とは言いませんが、宇宙真理にまだ「理」は追いついていないということをいいたいのです。また人生でたびたび経験しますが、他人の言動に

「それはおかしい!」と言い切ることは、できないということになりますね。
参考までに数学上の矛盾を下の参考表でご覧になってください。

さて、「理」を越えた宇宙世界とは、どんなところでしょう。とどのつまり、今置かれている全てが真実であるということです。
自らの環境全てを認めた、外も内なる出来事の全てですから、主観そのものということになります。「知」から「理」へ、そして「観」へと宇宙の経綸は変化しはじめました。
科学は、客観性というところを大前提にしてこれまで発展してまいりました。自分がそう思っているのに、科学的に正しくないと指摘されることもしばしばありますね。自分は

〈参考〉

実数1は、0.9999999999 …… と厳密には同じで次のように証明される。

X = 0.9999999999 …… と置き両辺を10倍すると、
10X = 9.99999999 …… となる。
上式からXを引くと、9X=9 となる。
よって
X=1
つまり
1 = 0.999999999 ……
そうすると
1 > 0.999999999 …… では無いということになりますね。

「愛している」のに科学的な根拠が無いからと、拒絶されてはかないません。真実は全て、「外から与えられたもの」でなく「主観」の中にあったのです。

主観を認め過ぎると怖いのは、悪心の存在です。悪心をもつ方の嘘イツワリを信じて行動すると、皆が迷惑する。そうなったら法律も警察も要らなくなってしまいます。このために歴史は法を作りました。ですが、法の前に道徳があったのです。心にうそ偽りの無い当たり前の所作、法以前の霊止のあり方を道徳といいます。「ひとに迷惑をかけない」「余った力でヒトを助ける」「きれいな言葉を使おう」などなど法律以前の心の規定内容です。「悪心」を察するのも「観」ですから、すべて目の前の真実は「観」を通しておこなわれます。自らが観ることこそ真実の全てで、言霊五十音を駆使する魂の本体なのです。神は「観」の中に存在するのです。

地球アセンションと神化

ここまで、読み終えてきてヒトは言霊つまり神名を自在に操る、神の子であるという認識が出てきたのではないかと思います。

あえて、神様であることの証拠をいくつか挙げてみたいと思います。

① ヒトは他人に嘘はつけても、自分の心には嘘をつくことができない

② 1秒間に10万もの化学反応をもつヒト細胞、それを60兆個の細胞が連動して調和させる仕組みは、人では決してできない。

③ ヒトのずっとずっと、さらにその先祖を遡って考えると、ヒトを作ったその大元は神様でしかありえない。また、そうした直感をもたらすのも、神の形質があるからだ。

④ 人間は勝手に「こうすべきだ」と自己枠をつくって、その枠の中で現象結果を楽しんだり怒ったり悲しんだりする。新人は先輩のお茶をいれるものだと勝手に規定して、そうしないとムカついたりする。その枠に当てはまらないと「ムカつく」という自己罰を与える。つまり自分で枠を勝手に作って、その結果を自己評価して、自分で自分に罰すら与える。これは神でしかなしえない性質。

ヒトが神様であることの証左は概《おおむ》ね以上ですが、この三次元物質界にいて、喜怒哀楽の人生を過ごしていることは、まだまだ本物の神様でないことは、疑いようもありません。ですから人生修行で「神化」しているのですね。

ところが、宗教にこだわり、盲信するところに過去の落とし穴がありました。神は主観の内側にありますので、その「真我」を発現していくことが何よりも大事で、神の子らしい言霊の発生と、意識と行為が強く求められるのです。

「われ神なり」を常に認識し、とりわけ美しい言霊を発することが、真我に変身していくことになるのです。

時代は、地球アセンション時代を迎えるといわれます。つまり地球自身の霊的・物質的ポテンシャルアップ、霊的とは生命体地球「ガイヤ」の次元上昇、物質的とは食物連鎖をはじめとした持続可能な地球環境を指します。そのためにはその上に住んでいるおよそ70億の人類の意識が変わらなければなりません。

マヤ暦では2012年12月22日に時間がなくなる。つまり暦がなくなると言われています。マヤ暦発祥の日から187万2千日で地球は、暦のない時間に入るそうです。これは地球が無くなるということではなくて、これまでにない新時代に変わるのでしょう。

日本では2013年は伊勢神宮の20年に一度の遷都となります。この伊勢遷都の陰になっていますが、出雲大社も60年に1回のご遷都がその2013年に当たるのです。

もちろん日本の全神社の総師が天皇ということになりますが、天皇を頂点とする日本人の全意識が「われ神なり」を魂の底から認識しはじめるのでしょう。

こうした素晴しい時期に巡り合せた今、私たちヤマト霊止は他の民族に率先して、「地球大調和」を祈りあげねばなりません。もとより美しい言霊を放ち、自らが「われ神としての認識と行為」を日々実行いたしましょう。

日本が世界のひな型であることを認識して、素晴らしい日本、美しい日本、そして一人ひとりが充実の毎日をお過ごし下さい。日本人が、「霊主心従体属」を心魂の基底に納めることが、世界全体の意識アセンションへとつながるのです。

地球が資源環境問題をはじめとして持続不可能な極めて危機的な状況に突き進んでいることは、皆様も感じておられることと思います。地球が崩壊へと進むか、新しい文明文化へと向かうか、その二つの方向は人類に託されております。世界を先導して行く使命を帯びた私たち天津霊継民族は、自らの心のケガレを払拭し、自分のパートナーに、地域社会に、日本全土に、そして天に感謝するために最強の祝詞「ありがとうございます」を日常繰り返し繰り返し、響かせ続ける必要があるのです。

龍体列島日本に住む天津霊継神民が、今からでも遅くない、美しい言霊を駆使し自らの人生を変えていこうではありませんか。貴方が幸せに変われば、地球全体が幸せに変わるのです。

あとがき

日本は、諸外国に比べますと、人口密度も高くせせこましいですけれど、都会から一歩地方へ出向きますと、そこは豊かな水にあふれ、緑色濃く、どの山々にも神社や祠がありますす。それらは、ご先祖代々からお守りしている、土地の土臭い息づかいを感じさせてくれます。

自然に恵まれ、地を這って流れる清流や、川沿いの草花の一本一本、そして山々の大木に神を感じ、日々感謝をして生きてきた日本人。その挨拶ですら、「こんにちは」とお相手に、「太陽の心」を見ているのです。

私たちは古き神々から、素晴しい日本の「言霊」をいただきました。「いのち」も「こころ」も「からだ」も授かりものですが、この三体を使って、今を存分に生きております。その授かったお返しが、真《まこと》なる言霊、善なる言霊、美しい言霊を使って、まずご自分の身の回りから、明るく輝きのある「いのちの場」を創りあげることです。素晴しい言霊が、素晴しい現象を創り上げていくのです。美しい言霊が美しい日本を作り上げていくのです。

全ては繋がっています。

私たちの「いのち」、その「いのち」の大元は神様ですから、万物すべての「いのち」は大元に繋がっていることになります。もちろん地球も70億人のいのちを乗っけた巨大な「いのちの場」をもっています。

一人ひとりが、明るく真実に生き、ワクワクとその「いのち」を輝かせると、それは地球という、「巨大ないのちの場」を輝かせることになります。

西洋の物質文明の役割りが終わりを迎え、一人勝ちの競争社会に別れを告げて、これから東洋の精神文明が復興しようとしています。人間の右脳と左脳のバランスのように、西の物質文明と東の精神文明がこれから融合し、新しい第三の文明が始まろうとしております。

日本人である私たちは、神から与えられた神人のツール「言霊五十音」をこの新しい第三文明に向けて存分に駆使いたしましょう。

本書はサトルエネルギー学会をはじめ、日本各所で講演した「古神道言霊講座」で披露した内容を元に構成しました。そのご関係者に厚く御礼申し上げます。また本書を出版するにあたり特にご協力をいただきました、サトルエネルギー学会運営委員であり、一般財団法人テネモス国際環境研究会理事の釘本ひろみさん、本書出版元である明窓出版、麻生真澄編集長に厚く御礼申し上げます。

平成二十二年九月

鈴木俊輔

《鈴木俊輔　プロフィール》

1947年、東京生まれ、芝浦工業大学大学院修了、工学修士。1995年までの日産自動車中央研究所時代に金属合金設計、セラミックス物性、触媒の研究に従事。1988年、日産関係会社（株）NDCに短期出向中に多機能金属触媒「バイオカルム」を開発（日本表面処理学会柴田賞受賞）。1996年（有）テクノクエスト代表取締役社長。環境計量士・一級建築施工管理技師・騒音公害防止管理者でありこれまでの発明特許は100件を超える。2001年４月からサトルエネルギー学会事務局長、運営委員長兼任で、現専務理事。独自の水の研究、波動装置の研究という科学技術屋であると同時に古神道・言霊の研究家でもある。

「月刊フナイメディア」、「ナチュラルスピリット誌」、「サトルエネルギー学会誌」、「地球マネージメント学会誌」ほか寄稿論文多数。近著に「御霊の法則」（徳間書店）「ザ・フナイ 2010年６月号　叡智の中に秘められた鍵」（船井メディア）、「サトルエネルギーのお話」（静岡学術出版）がある。

◇◆　お問い合わせ
サトルエネルギー学会
〒108-0014　東京都港区芝４－６－２　若月ビル2F
Tel　03-5730-6450　Fax　03-5730-6451
HP http://www.subtle-eng.com
メール　suzuki@subtle-eng.com
バイオカルム研究所　有）テクノクエスト
〒108-0014　東京都港区芝４－６－２　若月ビル2F
Tel 03-3453-2581　Fax 03-3453-2581
HP http://www7a.biglobe.ne.jp/˜technoqt
メール　su-san369@ksj.biglobe.ne.jp

ことだまの科学《かがく》

人生《じんせい》に役立《やくだ》つ言霊現象論《ことだまげんしょうろん》

鈴木俊輔《すずきしゅんすけ》

明窓出版

平成二十二年十一月十日初　刷発行
平成二十七年三月二十日第三刷発行

発行者——麻生真澄
発行所——明窓出版株式会社
〒一六四—〇〇一二
東京都中野区本町六—二七—一三
電話　（〇三）三三八〇—八三〇三
ＦＡＸ　（〇三）三三八〇—六四二四
振替　〇〇一六〇—一—一九二七六六
印刷所——シナノ印刷株式会社

ISBN978-4-89634-271-0

ホームページ http://meisou.com

宇宙の実相

～ひふみ神示、ホツマツタエより

実方みどり

日月神示・ホツマツタエをベースに、自己のクリーニング法を誰にでも分かりやすく解説してあります。

五次元上昇はすでに始まっています。信じられないかもしれませんがどんどん変化しています。

この本を読んで、意識変容して下さい。明るい未来が待っています。


「長い長い間、知りたいと思っていた事があった。それは宇宙の真理。何度もゴールが見えた気がしたが、何かが足りなかった。私自身の執着が、全部消去された時、死角になっていた部分が透明になり、姿を現した……」（序文より）

一部　宇宙の実相
二部　我欲について
三部　愛について
四部　クリーニングについて
五部　身体および健康について

本体1300円

大麻草解体新書

大麻草検証委員会編

被災地の土地浄化、鬱病やさまざまな難病の特効薬、石油に代わる優良エネルギー、食品としての栄養価の高さ、etc. 今、まさに必要な大麻草について、誰にでも分かりやすく、とても読みやすくまとめられた１冊。戦後、アメリカに押しつけられた大麻取締法という悪法から私たち日本の国草を、いかに取り戻せるかをおおぜいの有識者と考える。

（読者からの感想文）本書のタイトルから受ける第一印象は、ちと堅すぎる。しかし、大麻草に関する多彩な論客などがはじめて揃い、国民会議なる集まりが持たれ、その内容を漏らすことなく、著書として出版されたことは、極めて画期的なことと評価したい。つまり、本書では、有史以来、大麻草が普段の生活において、物心両面に果たしてきた有効性を、戦後は封印されてきたとされ、人間の諸活動にはあらゆる面で本来的に有用と論じている。われわれは、意識・無意識を問わず、大麻草は悪いものと刷りこまれてきたんだ。これでは、余りに大麻草がかわいそう。なぜ、そのようになってしまったのか、を理解する前に、まず本書part２あたりから、読み始めてはどうだろう。また高校生による麻の取り組みは、これからの国造りを期待してしまいそう。戦後におけるモノ・カネに偏り過ぎた国家のあり方を、大麻草が解体していく起爆剤となりうること、それで解体新書なのだろう。必読をお薦めしたい。　本体1429円

天国へ導くことば

花矢向《はなやこう》

読むだけで浄霊できる本。彷徨（さまよ）っている霊が難病や、原因不明の病気に関わっている場合が多くあります。普通の言葉で天国に旅立っていただくという目的がはっきりした本であり、どなたが読んでも効果が期待できます。

読者さまからの感想文「明るい黄色の表紙に惹かれて、買ってみました。心の波長を整えるのにいつもお祈りしていたのですが、この本は明るく温かい心を取り戻すのにピッタリです。自宅や地下鉄移動中、職場の休憩中に黙読して心の波長を整えています。殺伐とした時代にローソクの灯りの様に心に温かい灯火（ともしび）灯してくれます。
また、あの世とこの世の生まれ変わりの原点ってこんなに単純で大切なことだったのかってことも分かって、とてもラッキーでした」

人生の真実／「天国へ導くことば」を語りかける際の心がまえ／天国へ導くことば／幼い子供のために／身内に成仏していただくために／憑依の理由　他

本体1000円

「大きな森のおばあちゃん」 天外伺朗

絵・柴崎るり子

象は死んでからも森を育てる。
生き物の命は、動物も植物も全部がぐるぐる回っている。
実話をもとにかかれた童話です。

本体1000円

「地球交響曲ガイアシンフォニー」
龍村　仁監督 推薦

このお話は、象の神秘を童話という形で表したお話です。私達人類の知性は、自然の成り立ちを科学的に理解して、自分達が生きやすいように変えてゆこうとする知性です。これに対して象や鯨の「知性」は自然界の動きを私達より、はるかに繊細にきめ細かく理解して、それに合せて生きようとする、いわば受身の「知性」です。知性に依って自然界を、自分達だけに都合のよいように変えて来た私達は今、地球の大きな生命を傷つけています。今こそ象や鯨達の「知性」から学ぶことがたくさんあるような気がするのです。

「花子！アフリカに帰っておいで」

「大きな森のおばあちゃん」続編　　天外伺朗　絵・柴崎るり子

山元加津子さん推薦

今、天外さんが書かれた新しい本、「花子！アフリカに帰っておいで」を読ませて頂いて、感激をあらたにしています。私たち人間みんなが、宇宙の中にあるこんなにも美しい地球の中に、動物たちと一緒に生きていて、たくさんの愛にいだかれて生きているのだと実感できたからです。

本体1000円